『레슬리 뉴비긴, 세상 속 교회의 길을 묻다』는 새로운 책이 전혀 아니다. 1989년과 1994년에 이미 한국에 소개되었던 책이 새로운 편집과 제목으로 이번에 세 번째로 출간된다는 점은 교회가 여전히 이러한 질문에 직면하고 있음을 보여 준다. 뉴비긴에게 교회는 하나님의 순례하는 백성으로, 이 세상의 문화를 거스르며 모든 사람에게 그리스도를 전파하기 위해 부르심을 받은 가시적인 연합체다. 이러한 교회는 필연적으로 '선교적 교회'가 된다. 한국 교회도 급변하는 문화의 세상에서 '충돌'이 아닌 '공적 교회로서의 역할'을 탐구해야 할 때다. 답을 찾으라고 다그치기보다는 탐구의 영역으로 초대하는 책이다.

김병삼 만나교회 담임목사, (사)월드휴먼브리지 대표

오늘날 한국 교회는 세상 속에서 길을 잃은 듯 보인다. 신앙을 우리만의 리그로 만들거나, 반대로 세상에 영향력을 끼치고자 정치적 힘을 찾아 나서기도 한다. 뉴비긴의 이 책은 바로 이 지점에서 우리에게 '제3의 길'을 선명하게 제시한다. 그것은 십자가를 지신 예수님을 따라 세상 한복판으로 들어가 복음이 세상을 위한 공적 진리라는 것을 삶으로 증언하는 길이다. 세상과 교회를 향한 애통하는 마음으로 새로운 방향을 찾는 모든 분에게 일독을 권한다.

송태근 삼일교회 담임목사, (사)미셔널신학연구소 이사장

이 책은 과학과 국가를 삶의 토대로 삼는 현대 문화가 왜 희망의 실종을 겪게 되었는지 그 한계와 위기의 본질을 파헤치고, 기독교 신앙에 기초한 문화 비전을 대안으로 제시한다. 그렇게 하면서 저자는 이 비전을 공적 영역에서 증언해야 하는 선교적 교회의 소명도 일깨운다. 신앙이 사적인 것으로 축소되고 교회가 공적 영역에서 영향력을 잃어 가는 오늘날, 한국 교회가 공적 신앙의 의미를 회복하여 선교적 본질을 되찾기 위한 통찰을 선물한다. 교회가 어디로 가야 할지를 묻는 이들이 반드시 읽어야 할 책이다.

주승중 주안장로교회 담임목사, 한국세계선교협의회(KWMA) 이사장

레슬리 뉴비긴,
세상 속
교회의 길을 묻다

IVP(InterVarsity Press)는
캠퍼스와 세상 속의 하나님 나라 운동을 지향하는
IVF(InterVarsity Christian Fellowship)의 출판부로
생각하는 그리스도인을 위한 문서 운동을 실천합니다.

The Other Side of 1984: Questions for the Churches (Risk Book Series)
© 2025 by Lesslie Newbigin
Originally published in English under the title *The Other Side of 1984: Questions for the Churches* by World Council of Churches Publications.
All rights reserved.

This edition is published under license from WCC Publications.
This Korean edition © 2025 by Korea InterVarsity Press
156-10 Donggyo-ro, Mapo-gu, Seoul 04031, Republic of Korea.

이 한국어판의 저작권은
WCC Publications와 계약을 맺은 IVP에 있습니다.
신 저작권법에 의하여 한국 내에서 보호받는 저작물이므로
무단 전재와 무단 복제를 금합니다.

# 레슬리 뉴비긴,
세상 속
교회의 길을 묻다

계몽주의와 현대 문화,
과학주의 세계관을 넘어서

The Other Side of 1984

레슬리 뉴비긴
신국원 옮김

IVP

차례

서문 9
1장 희망을 상실한 문화 11
2장 현대 문화의 근원들 21
3장 새로운 틀 45
4장 세 가지 질문 69
5장 탐구로의 초대 119
결론 135

후기: 다른 측면에서—웨슬리 아리아라자 139
옮긴이 해설 163

서문

이 작은 책자는 영국교회협의회(British Council of Churches)가 1984년에 열릴 회의를 염두에 두고 1981년에 발주한 연구 과정의 일부로 작성되었습니다. 회의 시점으로 1984년이 선택된 이유는, 그 해가 유명한 소설 제목으로 널리 알려져 있어 사람들이 우리 사회에 어떤 변화가 일어나고 있는지를 질문하게 될 시기라고 여겨졌기 때문입니다. 상당한 토론 끝에 모인 의견은 그런 회의를 준비하는 데 시간이 더 필요하다는 것과, 전국 회의 준비를 위해 논의를 활성화하고 몇몇 전문가 그룹에 의제를 제안하기 위한 글이 필요하다는 것이었습니다. 이어지는 글은 이러한 필요를 충족시키기 위해 쓴 것입니다. 초고를 50여 명의 대표자들에게 보냈는데, 그들 가운데 30명이 유익한 비판과 의견을 보내왔습니다. 이 글은 그런 것들을 고려한 상당한 수정을 거쳐 영국교회협의회에서 출간되었으며, 내용에 대한 광범위한 연구가 이루어져야 한다는 것과 논의 과정 및 문제를 더 명료하게 만들기 위한 의견을 저자나 영국교회협의회에 보내 달라는 요청이 덧붙여졌습니다.

이 책자는 세계교회협의회(World Council of Churches, WCC)에 의해 재출간되는 것이기 때문에, 독자들은 이 글이 본래 영국 내 논의를 위해 쓰였다는 점을 인식하는 것이 중요합니다. 또한 웨슬리 아리아라자(Wesley Ariarajah)가 쓴 글에 특별히 감사를 전합니다. 그의 글은 제가 제기한 질문들을 전 세계적인 종교 간 대화의 더 넓은 맥락 속에 놓고 설명해 줍니다. 저는 이 글이 영국에서의 지역적 논의보다 훨씬 더 광범위한 중요성을 지닌 질문들을 제기하고 있다고 믿습니다. 비록 간접적일지라도, 저는 이 질문들이 다른 이들에게도 유용하다고 여겨지기를 바랍니다.

1983년 대림절, 영국 셀리오크에서
레슬리 뉴비긴

1장 희망을 상실한 문화

1936년에 저와 아내는 선교사로 인도에 갔습니다. 배로 꼬박 한 달이 걸렸지만, 모든 정박지에서 영국의 영향력을 실감할 수 있었습니다. 포트사이드에서 우리는 햇빛 가리는 용도로 피스 헬멧(pith helmet)을 샀습니다. 이상하게도 그때 갑자기 치명적이라는 태양 광선으로부터 보호받기 위한 것이라는 말을 들었지만, 사실은 (나중에 깨닫게 된 것처럼) '주인님'(sahib, 제국주의 시대 인도에서 백인을 높여 부르던 말)으로서 필요한 상징을 갖추기 위한 것이었습니다. 우리는 봄베이에 발을 디딘 순간부터 의심의 여지 없이 지배 민족의 일원이었고 유럽식으로 살았습니다. 아주 가끔 '토착민이 된' 영국인에 대해 수군거리는 대화를 듣기는 했습니다. 백인의 짐을 벗어 던지고 문명 밖의 암흑 세상으로 돌아간 이들이라고 말입니다.

1974년 인도를 떠나기 전에 우리는 영국이나 프랑스 또는 독일의 부유한 가정 출신 젊은이들이 더럽고 남루한 인도 옷을 걸치고 거리를 돌아다니는 모습에 익숙해졌습니다. 그들은 유럽에 등을 돌리고, 거지로라도 인도에서 삶의 이유를 찾을 수 있기를 바랐습니다.

　그 후에 영국에서 사역을 하면서 종종 받았던 질문은 "인도에서 영국으로 옮겼을 때 무엇이 가장 힘들었습니까?"라는 것이었습니다. 저는 늘 "희망의 상실"이라고 답했습니다. 같은 경험을 가진 모든 사람이 이 말에 동의할 것이라고 저는 믿습니다. 마드라스에서는 가장 비참한 빈민가에서도 상황이 개선될 수 있다는 믿음이 항상 있었습니다. 야간 학교를 시작하거나, 물 공급을 요구하고, '청년 진보 협회' 같은 것을 설립할 수 있었습니다. 1947년의 독립 이후에 겪은 모든 실망에도 불구하고, 더 나은 미래가 올 것이라는 믿음은 여전했습니다.

　반면에 영국에서는 그러한 희망을 찾기 어렵습니다. 예수의 부활을 새 창조의 보증으로 삼는 기독교적 희망으로 살아가는 이들을 제외하면, 20세기가 시작될 때 확실히 존재했던 미래에 대한 확신의 자취가 지금 이 나라의 시민들 사이에는 거의 없습니다. 그토록 많은 익숙한 가치가 무너지는 가운데서는, 대부분의 노령층과 중년층만 적당히 편안하게 지낼 수 있지 않을까 희망할 뿐입니다. 아주 많은 젊은이에게는 핵전쟁이라는 끔찍한 유령이 있을 뿐, 그 외에는 아무것도 없습니다.

최근까지도 "미래의 세계 문명"(The Coming World Civilization)[1]이라고 자신만만했던 우리 문명에 무슨 일이 일어난 것일까요? 물론 서양 문명의 종말을 경고하는 목소리들은 전에도 있었습니다. 하지만 그런 것들은 외로운 목소리들이었고, 그 메시지는 보통 사람들에게 거의 전달되지 않았습니다. 당시 우리가 제1차 세계대전과 그 여파로 일어난 끔찍한 일들을 겪은 후인데도 확신한 바는 '근대의 과학적 세계관'이 비문명화된 세계의 신화들에 반대되는 것으로서 사물의 실상(how things really are)에 대한 참된 설명이라는 것과 우리의 과학 및 기술이 무한한 진보의 열쇠를 쥐고 있다는 것, 그리고 자유로운 민주적 제도들이 모든 곳에서 자리 잡으리라는 것과 자연에 대한 우리의 지배가 모든 사람을 위한 복지 세상을 만들어 내리라는 것이었습니다. '진보'에 대해, 자연 법칙까지는 아니더라도 적어도 우리가 노력할 수 있는 가능하고 적절한 목표인 것처럼 말하는 것은 여전히 가능했습니다. 역사는 삶의 모든 측면에 대해 쓰였는데, 그 기초에는 낮은 것에서 높은 것으로의 움직임으로 이해되는 '진화'가 과거를 이해하는 단서이고 미래를 계획하

---

1   1956년에 출간된 W. E. 호킹의 책 제목이다. William Ernest Hocking, *The Coming World Civilization* (New York: Harper, 1956).

는 틀이라는 믿음이 있습니다.

오늘날, 더 오래된 견해가 일부 살아남았을지라도, 장면은 거의 완전히 바뀌었습니다. 과학과 기술은 희망의 근거보다는 오히려 위협으로 여겨집니다. '녹색' 운동들이 중요한 정치 세력으로 떠오른 것은 이런 관점의 변화를 가장 분명히 보여 주는 징후입니다. 과학은 가장 온화한 형태인 의학에서도 50년 전에는 상상도 할 수 없었을 회의적 시선을 마주하게 되었습니다. 거의 모든 치명적 질병이 원칙적으로 극복되었지만, 모든 서방 국가에서 의료 서비스에 대한 부담은 재원을 초과하고 있습니다. 그리고 가장 빠르게 증가하는 질병이 대개 의미의 붕괴와 관련된 정신질환으로 분류될 수 있는 것들이라는 점은 의미심장합니다. 정치인들은 직을 맡고 있지 않을 때는 우리 문제에 대한 해결책이 있다고 계속 주장하지만, 그들의 주장은 점점 더 의심을 받습니다. 20세기 말이 가까운 시기에 기독교의 하나님 나라 비전을 미래의 지상 유토피아로 바꾸어 놓은 18세기 철학자들의 저술을 다시 읽는 것은 이상한 경험입니다. 그들은 동시대인들에게 '신'에 관해서는 잊으라고, 모두의 권리이지만 결코 '신'이 제공할 수 없던 행복이 실현될 복된 미래에 희망을 두라고 촉구했습니다. 그들이 하나님을 대신하여 내세웠던 '미래'인 우리는 지금 그들의 글을 표현하기도 힘든 슬픔으로 읽을 수밖에 없습니다. 마치 그 위대한 세기의 유령들을 불러내서 "친구들이여, 그것은 멋진 꿈이었지만 단지 꿈일 뿐이었네"라고 말하기를 바라는 것처럼 말입니다.[2]

모든 시대에 그 시대가 가진 명백한 약점을 지적하는 것은 물론 쉽습니다. 그러나 여기서 문제가 되는 것은 훨씬 더 구체적인 것입니다. 우리 문명이 한 사람의 생애에 해당하는 기간에 스스로의 타당성에 대한 자신감을 완전히 상실한 극적 갑작스러움 말입니다. 모든 시대의 모든 문화에는 비평가들이 있습니다. 모든 문화는 자기 비판이 일반화된 시기를 거칩니다. 그러나 문화가 태어나고 죽는 것도 사실입니다. 지금 문제는 현재의 자기 비판이 건강한 문화의 정상적 자기 점검인지, 아니면 우리가 있는 지점이 문화가 죽음에 가까워지고 있는 곳인지 여부입니다. 제가 보기에는, 그리고 저 혼자만 그렇게 생각하는 것은 아니겠지만, 우리의 현재 상황은 전자보다 후자에 더 가깝습니다. 제가 '우리 문화'라고 부르는 것은 나중에 좀 더 정확하게 정의해

---

[2] Carl Becker, *The Heavenly City of the Eighteenth Century Philosophers* (New Haven: Yale University Press, 1932)를 보라.

보겠지만 지난 반세기 동안에 두 흐름으로 나뉘어 왔습니다. 즉 동구권과 서구권입니다. 동구권의 공식 이념인 마르크스주의와 서구권의 자유 시장 자본주의는 모두 그 대표자들이 '계몽주의'라고 부른 사상 운동에 직접적 근원이 있습니다. 이 두 사상 모두 확신에 차 있었던 시기에는, 진보적 발전이든 혁명적 투쟁이든 간에 이 땅 위에 '천상의 도시'(Heavenly City)를 건설할 수 있다는 믿음이 있었습니다. 지금은 둘 다 이제까지 이룬 것들을 약화시키려고 위협하는 세력에 맞서 현상 유지를 위한 '방어적 태세'로 전락했습니다. 그리고 [랭던 길키(Langdon Gilkey)가 지적했듯이] 미래에 대한 확신을 여전히 간직하고 있는 유일한 사람들은 각 진영의 반체제 인사들이라는 점이 중요합니다. 확신에 찬 마르크스주의자들은 서방의 반체제 인사들뿐이고, 확신에 찬 자유주의자들은 동구권의 반체제 인사들뿐입니다. 양 진영의 기득권 세력들은 현상 유지를 위한 씨름에 급급합니다. 미래에 대한 확신의 상실은 다음과 같은 방식으로 적나라하게 드러납니다. 즉 무의미한 풍요의 상징물들을 파괴하는 것 외에는 분노를 표현할 방법을 모르는 이들의 무모한 파괴 행위, 그리고 그에 못지않게 무의미하고 광기 어린 초강대국 사이의 핵무기 경쟁 속에서 말입니다. 폭파된 히로 시마와 나가사키의 폐허 위로 치솟은 버섯구름은 1945년 그날 이후로 현대인의 의식 위에 악몽처럼 걸려 있습니다. "우리가 알고 있는 문명에 과연 미래가 있는가?"라는 두렵고도 비통한 질문을 던지면서 말입니다.

2장 현대 문화의 근원들

저는 지금까지 '우리 문화'에 대해 말해 왔는데, 이제 이 문구의 의미를 설명하려고 합니다. 간편한 사전적 정의는 "인간 공동체가 구축해서 한 세대에서 다른 세대로 전수한 삶의 방식의 총합"입니다. 따라서 문화는 공유된 인간의 삶 전체를 포함합니다. 그것은 하나의 집단에 속한 사람들의 과학, 예술, 기술, 정치, 법학, 종교를 포함하는 것입니다. 모든 문화의 기초는 사람들이 경험을 파악하고 대처하는 방식인 언어이며, 그 언어를 집단 내에서 서로 공유하는 것입니다. 따라서 하나의 문화 내에서 삶을 살아가는 동안에는 경험이 위치해 있는 틀을, 즉 그것을 통해 '보는' 안경을 언어가 제공한다는 것을 거의 인식하지 못합니다. 완전히 다른 문화에서 살면서 새로운 언어를 배울 때, 경험을 파악하고 대처하는 다른 방법들이 있다는 사실을 발견하게 됩니다. 다른 안경을 통해 사물을 다르게 볼 수 있다는 것을 깨닫습니다. 지난 2세기 동안 서유럽 문화가 지금 우리가 '제3세계'라고 부르는 문화들을 침략했을 때, 그 침략의 핵심 요소는 유럽 언어들을 교육의 도구로 도입한 것이었습니다. 결과적으로 인도의 모든 세대가 영어를 공적 생활의 언어로 사용하면서 성장했고, 그에 따라 경험을 파악하고 대처하는 일을 인도의 고대 문화 전통들에서 발전된 범주들이 아니라 유럽적 사유의 범주들을 통해 수행하는 데 익숙해진 것이 그 예입니다.

하지만 세계의 거의 모든 문화에 강제로 전파된 이 유럽 문화는 역사의 무대에는 비교적 최근에 등장했습니다. 우리가 알고 있는 세계 역사의 대부분 기간에 인도, 중국, 아랍 세계 민족들의 문명이 아시아 서쪽에 위치한 반도들(그리스, 이탈리아, 이베리아-옮긴이)에 사는 종족들을 압도했습니다. 하지만 지난 3세기 동안 바로 이 종족들의 후손이 그들의 문화를 전 세계 모든 부분으로 확산시켜서 더 고대의 문화들을 정복하고 종종 파괴했으며, 처음으로 온 지구를 포괄하는 공통 문명을 만들어 냈습니다. 모든 사람을 포함한다는 의미가 아니라, 적어도 세계의 거의 모든 대도시에서 지배적 역할을 한다는 의미에서 말입니다. 세계 대부분의 사람들에게는 그것이 '근대성'(modernity)의 화신으로 보였는데, 여기에 기술적 숙달과 발견·혁신·통제라는 무제한의 능력들이 함의하는 모든 것을 포괄합니다.

W. E. 호킹은 1956년에 다가오는 문명에 대해 쓰면서,

이 문화의 거의 영원하고 보편적인 타당성을 확고히 확신하면서 다음과 같이 말할 수 있었습니다.

> 오늘날 우리는 단일 문명이라는 새로운 사실의 문턱에 서 있는 듯하다.…처음으로 우리의 세계 전체에, 로크가 진리와 신념을 지키는 것에 대해 말했던 것처럼, "사회의 구성원으로서가 아니라 인간으로서의 인간에게 속해 있는" 생각들이 퍼져 있다. 동양의 여기저기에 서구 사상과 실천의 고집스러운 지역주의에 대한 반발이 여전히 있지만, 우리가 순수한 보편적 실재들(the Clean Universals)이라고 부를 수 있는 과학·수학·기술에 대한 반감은 전혀 없다. 이러한 것들은 서양에서 빌린 것이 아니라 자기 것이라고 주장하면서 말이다. 서구는 보편적 실재를 탄생시킴으로써, 다시는 사적 소유물이 될 수 없는 어떤 것을 낳은 것이다.[1]

호킹의 말은 사물을 보는 자신의 방식이 보편적으로 타당함을 여전히 확신했던 문화의 자신감을 표현합니다. 오늘날 우리는 실제로 의문시되고 있는 이러한 '사물을 보는

---

1 Hocking, *The Coming World Civilization*, pp. 51 이하.

방식'을 새롭게 살펴보고 그 기원과 신빙성에 대해 질문하도록 요청을 받습니다.

저는 18세기 '계몽주의'를 우리 문화의 가장 근접한 원천으로 언급했지만, 물론 그 뿌리는 훨씬 먼 역사로 거슬러 올라갑니다. 사상가들이 변화를 겪으며 살아가기 때문에 모든 사상 운동은 연속적인데, 전쟁과 혁명 같은 격변 속에서도 마찬가지입니다. 따라서 어떤 새로운 것이 출현한 시점을 언제로 해야 할지에 대한 결정은 다소 임의적일 수밖에 없습니다. 우리가 말하고 있는 운동은 아랍어 저작들의 라틴어 번역, 아리스토텔레스 철학의 영향, 르네상스 시대에 있었던 고전적 발상들의 범람, 종교개혁의 열정적 논의들, 17세기에 있었던 근대 과학의 시작들에 의해 서유럽에 뿌려진 사상적 누룩에서 시작되었습니다. 하지만 18세기 중반에 이르러서 유럽이 전환점에 도달했다는 느낌이 팽배했다는 것은 분명합니다. 여러 세기 동안 끊임없이 진행되어 왔던 발전들은 사람들이 그 일어난 일을 '계몽'(enlightenment)이라는 단어를 사용함으로써만 설명할 수 있을 정도로 명확해진 것처럼 보였습니다. 빛이 밝아 왔습니다. 어둠이 사라졌습니다. 모호했던 것이 이제 분명해졌습니다. 이제부터 사물은 있는 그대로 보일 것입니다. '계몽'은 깊은 종교적 의미를 가진 단어입니다. 바로 이 단어가 부처의 결정적 경험을 설명하는 데 사용되었습니다. 바로 이 단어가 요한복음에서 예수의 오심을 묘사하는 데 사용되었습니다. "빛이 세상에 왔으되"(요 3:19). 18세기 중반의 선도적 사상가들은 자신들이 바로 그러한 계몽의 순간에 있다고 느꼈으며, 이 순간이 우리 문화에 대한 이해를 시작할 적절한 지점을 제공합니다.

시대의 분위기는 달랑베르(D'Alembert)가 1759년에 쓴 글에 잘 표현되어 있습니다.

> 우리가 살고 있는 세기의 중간 지점에 우리를 흥분시키거나 적어도 우리의 정신, 관습, 성취, 심지어 오락을 점령하는 사건들을 주의 깊게 살펴보면, 어떤 면에서 우리의 사유에 아주 놀라운 변화가 일어나고 있다는 것을 알 수 있다. 그 변화의 속도는 훨씬 더 큰 변화를 약속하는 듯하다. 자연 과학은 날마다 새로운 부를 축적한다. 기하학은 한계를 넓힘으로써 가장 인접한 물리학 영역에 햇불을 전달했다. 세계의 참된 구조가 밝혀지고, 발전되고, 완성되어 왔다.…간단히 말해 지구로부터 토성에 이르기까지, 천체의 역사로부터 벌레의 역사에 이르기까지, 자연 철학이 혁신

되었다. 또한 거의 모든 다른 지식 분야도 새로운 형태를 갖추었다.…철학을 하는 새로운 방법의 발견과 적용, 발견들을 따르는 특별한 열정, 우주의 광경이 우리 속에 불러일으키는 고상한 발상들 — 이 모든 원인이 모여 정신들의 활발한 작용을 일으켰다. 이 작용은 댐이 터진 강처럼 자연의 모든 방향으로 흘러가면서, 길을 가로막는 모든 것을 강력한 힘으로 쓸어버렸다.[2]

세기말에 이르러 서유럽의 선도적 사상가들이 확신한 바는, 유럽 역사의 앞선 세기들과 대부분 인류의 이전 역사가 대체로 어둠이었던 것에 비해서는 실제로 빛이 밝았다는 것입니다. 그리스인들과 중국인들의 업적이 무엇이었든지 진전을 이루지 못했습니다. 근대 유럽은 그들을 모두 넘어섰습니다. 유럽 민족들은 이제 역사의 선봉이었습니다. 그들이 정복한 진정한 과학적 방법의 비밀은 오래된 미신을 몰아내고 사물의 실제 본질을 대낮의 빛처럼 드러낼 것이었습니다. 그들은 여전히 대체로 어둠 속에 있는 세상에

---

2 Jean le Rond d'Alembert, *Éléments de philosophie* (1759); Ernst Cassirer, *The Philosophy of the Enlightenment* (Princeton: Princeton University Press, 1951)에서 인용함.

서 빛의 전달자들이었습니다. 그러므로 유럽 민족들은 자신들의 문명을 세계의 모든 곳으로 전달할 의무와 능력을 모두 가졌습니다. 그리고 그들은 실제로 그렇게 했습니다.

정확하게 무슨 일이 그 중대한 전환점에서 일어난 것일까요? 프랑스 역사가 폴 아자르(Paul Hazard)[3]는 그것을 의무에 기초한 사회가 권리에 기초한 사회로 대체된 것으로 설명합니다. 나중에 언급하겠지만, 그 전환점은 진실의 일부일 뿐 문제의 근원은 아닙니다. 배질 윌리(Basil Willey)의 말이 정답에 훨씬 가까운 것 같은데, 근대 유럽 문화의 탄생을 확실히 특징짓는 벅찬 감정은 이전에 모호했던 것들이 이제 '설명'되고 있다는 확신에서 비롯되었다고 그가 말할 때 그렇습니다. 지성을 더 이상 만족시키지 못하는 '교리적'(dogmatic) 혹은 '비과학적' 설명들 대신, 사물에 대한 '참된 설명'이 밝혀지고 있었습니다. 윌리가 말하는 바에 따르면 바로 그것이 핵심이었으며, 이 운동이 스스로를 온전히 의식하게 된 시점에 '계몽'이라는 단어가 그토록 적절한 단어로 여겨진 것이 바로 그런 이유 때문이었습니다.

하지만 우리는 계속해서 질문해야 합니다. '설명'이라

---

3   Paul Hazard, *The European Mind: 1680-1715* (Cleveland: World Publishing, 1963).

는 말로 우리가 의미하는 것은 무엇입니까? 배질 윌리는 이 질문에 다음과 같이 답하고자 했습니다.

> 설명의 명확성은 그것이 주는 만족도에 달려 있는 듯하다. 설명이 가장 잘 '설명'하는 때는 그것이 우리 본성의 어떤 요구, 확신에 대한 어떤 깊은 요구를 충족시키는 경우다. '설명'을 대략적으로 정의하자면 어떤 사건, 이론, 교리 등을 현재의 관심사와 가정에 따라 재진술하는 것이다. 그것이 설명으로서 만족시키는 것은 과거 세대 혹은 옛 정신의 가정을 대체하는 특정한 일련의 가정들에 호소하기 때문이다. 따라서 설명이 만족스럽게 여겨지려면, 그것의 용어들이 궁극적 추가 분석이 불가능한 것으로 보여야 한다. 우리가 스스로 "이 설명이 대체 무슨 뜻이지?"라고 물을 때 실제로 설명에 대한 설명을 요구한 것이다. 말하자면, 첫 번째 설명의 내용이 궁극적이지 않고 다른 말로 분석될 수 있음을 깨달은 것이다. 적어도 그 순간에는 궁극적으로 보이는 것으로 말이다. 따라서, 예를 들어 우리는 형이상학적 명제에 대한 심리학적 설명을 택할 수 있고, 또는 심리학적 명제에 대한 형이상학적 설명을 선호할 수도 있다. 모든 것은 우리의 전제에 달려 있으며, 전제는 다시 우리

가 받은 훈련에 달려 있다. 그 훈련에 따라 우리는 하나의 설명을 궁극적으로 여기고(또는 느끼고), 다른 것은 그렇지 않다고 여긴다. 설명은 가장 실재적이며 가장 참된 것으로 보이는 '실재', '진리'를 전제하면서 직접적 권위로 우리에게 동의를 요구한다. 따라서 '설명'을 절대적으로 정의할 수는 없다. 다만 특정한 시간 혹은 장소의 요구를 만족시키는 진술이라고 말할 수 있을 뿐이다.[4]

다른 장소와 다른 시대에 살아 본 사람이라면 모든 '설명'의 상대성을 인식합니다. 제가 인도에 도착해서 처음 겪은 일들 가운데 하나는 2년간 저를 주저앉힌 버스 사고였습니다. 그것을 어떻게 '설명'해야 할까요? 인도 목사는 "하나님의 뜻"이라고 했습니다. 힌두교도는 "전생의 업보가 발목을 잡았다"고 말했을 것입니다. 어떤 문화에서는 원수가 저주를 내렸다고 설명할 것입니다. '계몽된' 유럽인인 제가 브레이크가 제대로 작동하지 않았기 때문이라고 말했다면, 다른 이들에게는 전혀 설명이 되지 못했을 것입니다. 설명해야 할 내용에 대한 재진술에 불과하다고 여겨질 것입니

---

4   Basil Willey, *The Seventeenth Century Background* (London: Chatto and Windus, 1934), pp. 10–11.

다. '설명'에 대해 말하는 것은 그것을 통해 '사물을 이해하는' 공리와 가정의 궁극적 틀에 대해 말하는 것입니다. '설명'은 이미 수용되어 설명이 필요하지 않은 틀 안에서만 작동합니다. 계몽주의에서 일어난 일은 하나의 틀을 부적절하다고 여기고 다른 틀로 그 자리를 대신하게 된 것입니다.

이제 '계몽주의'의 틀이 부적절하다는 것이 드러나고 있기 때문에 우리는 그것을 비판적으로 볼 수 있게 되었으며, 또한 반드시 그렇게 해야 합니다.

어떤 '틀'이 18세기 사상가들로 하여금 경험에 대한 새로운 '설명'에 만족할 수 있게 했을까요? 심오하고 복잡한 사상의 흐름을 지나치게 간략하게 말하는 것이 어리석음을 저도 알지만, 과학자들의 작업, 특히 아이작 뉴턴(Isaac Newton)의 업적이 18세기 지성에 끼친 엄청난 인상을 언급하면서 답변을 시작하는 것이 확실히 안전합니다. 알렉산더 포프(Alexander Pope)의 유명한 시구는 18세기가 느낀 바를 표현합니다.

자연과 자연 법칙이 밤에 감춰져 있었네.
하나님이 "뉴턴이 있으라"고 말씀하시니,
모든 것이 밝아졌도다.

뉴턴은 계시로 주장되는 것이나 '본유 관념'으로 시작하지 않았습니다. 그는 현상의 관찰로부터 시작했으며, 이 기초 위에 가능한 한 가장 광범위한 현상을 포괄하는 일반적 '법칙들'을 구축하려고 했습니다. 이 방법론의 결과는 향후 200년간 유럽의 사고를 지배하게 될 세계상이었습니다. 이 세계상에서 '실제' 세계는 움직이는 몸들의 세계로, 어떤 인간 관찰자와 별개인 전적으로 '객관적인' 존재를 가지고 있습니다. 모든 실재는 궁극적으로 이런 방식으로 이해 가능합니다. 모든 '법칙' 가운데 가장 근본적인 것은 수학 법칙들로, 실제로 존재하는 모든 것에 적용할 수 있습니다. 경험의 모든 데이터를 가능한 한 가장 작은 구성 요소로 분석함으로써 그 움직임들과 상호 관계들을 지배하는 법칙들을 발견할 수 있습니다. 분석은 모든 사유에 필요한 도구이며, 인간의 사유가 겉모습들의 이면을 꿰뚫어 사물의 실상을 발견할 수 있게 합니다. 이 작업은 축적되며 범위 면에서 무한합니다. 인간의 목적을 위해 자연 과정들을 착취하는 능력을 꾸준히 증진시킵니다.

모든 관찰할 수 있는 현상의 총체는 '자연'입니다. 사실상 '자연'은 더 이상 필연적이지 않은 신의 개념을 대체합니다. '이신론'(Deism)으로 알려진 18세기의 특징적 입장은 실제로 신의 개념을 자연의 과정 뒤에 있는 일종의 원초적 동인(Prime Mover)으로 여겼습니다. 하지만 당시에도 이신론자를 "그리스도인이 될 만큼 약하지 않지만 무신론자가 될 만큼 강하지도 않은 사람"이라고 규정한 비평가들이 많았습니다. 19세기가 내린 명백한 결론은, '신'을 위한 자리는 없다는 것입니다.

'자연'이 '신'을 대체했기 때문에, 자연의 원리를 터득한 과학자는 인간과 이 새로운 신을 중재할 수 있는 사제가 됩니다. 오직 과학만 사람이 자연을 이해하게 만들 수 있고, 인류의 유익을 위해 자연의 풍성함을 드러낼 수 있습니다. 또한 과학은 관찰할 수 있는 사실의 권위 외에는 어떤 다른 권위도 받아들일 수 없습니다. 따라서 서로 다른 과학들은 공통의 방법을 공유하면서도, 각각의 고유한 주제에 관해서는 모두 자율적입니다. 계시로 주장되는 어떤 것도 간섭할 수 없습니다. 천문학이나 생물학 또는 ('하나님의 말씀'으로 정경화된 문학 분야도 포함되는) 문학 연구도 과학적 원칙들에 따라 수행해야 하는데, 이는 뉴턴의 물리학이 가장 뛰어난 예를 제공하는 것입니다. (아마도 계몽주의가 가장 광범위한 결과를 가져온 분야인) 경제학은 궁극적으로 신학에 의존하는 윤리학의 일부가 더 이상 아닙니다. 그것은 자율적 과학으로, 하나님의 계시라고 주장되는 것으로부터 유래한 윤리적 원칙들은 아무런 권위도 가질 수 없습니다.[5, 6]

'신'을 '자연'으로 대체하는 것은 '법'에 대한 새로운 이해를 수반합니다. 신의 명령이기 때문에 따라야 할 명령을 제정하는 신적 입법자는 더 이상 없습니다. 법은 사물의 본성에서 비롯되는 필연적 관계일 뿐입니다(몽테스키외). 그러

---

5 이 측면에서 매우 중요한 17세기로부터 18세기로의 변화를 카시러(Cassirer)는 다음과 같이 설명합니다. "17세기 형이상학이 발전시킨 체계적 개념들은 그것들의 모든 독창성과 독립성을 여전히 신학적 사고에 확고히 뿌리박고 있었다. 데카르트와 말브랑슈, 스피노자와 라이프니츠에게 진리의 문제는 신의 문제와 관련 없이는 전혀 해결책이 없었는데, 왜냐하면 신적 존재에 대한 지식은 그로부터 다른 모든 확실성이 추론되는, 지식의 가장 높은 원리를 형성하기 때문이다. 그러나 18세기 사상에서 지적 무게중심의 위치가 바뀐다. 다양한 지식 분야, 즉 자연 과학, 역사, 법, 정치, 예술이 전통적 형이상학 및 신학의 지배와 가르침에서 점차 벗어났다. 더 이상 그것들은 자신들의 정당화와 합법화를 위해 신의 개념을 찾지 않고, 다양한 과학들 자체는 이제 그 개념을 자신들의 특정한 형식에 기초해 정립한다. 신의 개념과 진리, 도덕, 법의 개념들 사이의 관계들은 결코 포기되지 않았고, 다만 그것들의 방향이 달라졌을 뿐이다. 마치 화살표의 방향이 바뀌듯이 말이다. 이전에 다른 개념들을 확립해 주던 것이 이제 확립되어야 할 개념의 위치로 이동하고, 지금까지 다른 개념들을 정당화하던 것이 이제 정당화를 필요로 하는 개념의 위치에 있다. 최종적으로 18세기의 신학조차 이러한 추세에 영향을 받는다. 이전에 누렸던 절대적 우위를 포기했고, 더 이상 기준을 정하는 것이 아니라 오히려 독립된 지적 능력의 전형인 이성이 제공한 다른 근원에서 유래한 특정한 기본 규범에 복종한다." Cassirer, 앞의 책, pp. 158-159.
6 앞의 책, p. 163.

한 관계는 인간의 이성에 의해 발견될 수 있습니다. 이성은 모든 인간에게 공통적으로 있는 능력이며, 원칙적으로 어디서나 동일합니다. 외부에서 부과된 교리들(dogmas)에 의해 왜곡되지 않는 한, 이성은 무엇이 사물의 본성이며 또한 무엇이 그렇기 때문에 '자연의 법칙'인지 발견할 수 있습니다. 인간의 이성을 왜곡한 모든 교리 중에서 가장 위험하고 파괴적인 것은 원죄 교리입니다. 인간에 대한 이 사악한 중상모략을 깨뜨리는 것이 인간의 이성과 양심이 제대로 작동하도록 해방하는 데 필요한 첫 번째 일입니다. 그러나 이 교리는 깨뜨려야 할 전체 교리 체계의 핵심 부분일 뿐입니다. 교리이든 성경이든 '신'이든 모든 권위는 인간의 이성을 대체할 수 있다고 주장할 때 거짓으로서, 그리고 인간의 존엄성(dignity)에 대한 반역으로서 거부되어야 합니다.

'존엄성'이라는 단어는 심사숙고해서 사용한 것입니다. 중세 세계는 개인의 '명예'(honour)를 말했는데, 이것은 그 사람의 사회적 지위와 관련되었습니다.[7] 계몽주의 이후에는 인간의 '존엄성'을 말했습니다. 이는 사회적 지위의 문제와는 별개로, 태어나면서부터 모든 인간에게 있는 것입

---

7   Peter Berger *et al.*, *The Homeless Mind: Modernization and Consciousness* (New York: Random House, 1973), 3장 보론을 보라.

니다. 모든 인간은 이성과 양심을 소유하고 있으며, 따라서 진실과 오류, 옳고 그름을 구별할 수 있습니다. 이런 의미에서 모든 인간은 '자율적'이며, 외부의 입법자에게 종속됨 없이, 자신의 삶을 진짜 '법'에 따라 지배합니다. 이 '법'은 모든 사람의 양심에 기록된 도덕법과 이성을 사용해서 발견할 수 있는 자연의 법칙입니다. 계몽주의에 이어서 (그리고 그것의 일부 특징들에 대한 반응으로) 있었던 이후의 발전들에서 이러한 자율적 인간에 대한 비전은 점점 더 중요해졌습니다. 낭만주의 운동은 '인격'(personality)의 개념을 발전시켰습니다. 이는 모든 인간이 자신의 가능한 한 최대한의 잠재력을 발전시킬 '권리'를 가진다는 서유럽인의 의심할 수 없는 전제의 일부가 되었는데, 이 권리는 다른 이들의 동등한 권리에 의해서만 제한됩니다. 중세 사회는 각자의 사회적 지위에 따라 각 개인이 관련되는 의무의 개념을 강조했습니다. 계몽주의 이후로 '사람의 권리'는 공리처럼 여겨졌습니다. 이 새로운 철학의 원리들을 구현하기 위해 신세계에 창조된 새로운 공화국을 세운 건국의 아버지들은 다음과 같은 유명한 말로 시작하는 것이 필연적이고 당연하다고 여겼습니다. "우리는 이러한 진리를 자명한 것으로 여긴다. 즉 모든 사람은 평등하게 창조되었고, 양도할 수 없는 분명한 권리를 창조주로부터 부여받았다는 것이다. 이 권리에는 생명, 자유, 행복 추구가 있다. 이러한 권리를 보장하기 위해 사람들 사이에 정부를 설립하는데, 그것의 정당한 권력은 통치를 받는 자들의 동의에서 나온다." 인간의 권리는 의심할 수 없는 출발점으로서, 그로부터 다른 모든 것이 나옵니다.

이 권리들에는 '행복'을 추구할 권리가 포함됩니다. 행복(bonheur)은 18세기 철학자들에 의해 "유럽에 등장한 새로운 단어"로 찬사를 받았습니다. 중세 사람들이 기대하도록 장려된 하늘의 기쁨 대신, 계몽주의 시대의 사람들은 이 땅에서의 '행복'을 기대했습니다. 이는 과학의 축적된 작업을 통해 모든 사람이 도달할 수 있는 범위에 들어올 것이며, 사회들을 교리와 미신의 속박에서 해방하고 자연의 비밀들을 밝혀 모든 사람에게 열어 보여 줄 것입니다. 포프는 다시 한번 그가 살았던 시대의 대변인이 되었습니다.

오 행복, 우리 존재의 목적이자 목표여.
선, 즐거움, 안락함, 만족, 그 무엇이 당신의 이름이든.

한나 아렌트(Hannah Arendt)의 지적에 따르면, 미국 건국의 아버지들 가운데 적어도 몇몇에게 행복은 공적 삶을 위해 적극적으로 공유된 책임성의 '공적 행복'이었습니다.[8] 또한 그녀는 어떤 종류의 사적 쾌락주의도 그들의 의도와 크게 관련이 없었음에도, 사태의 진행은 그들의 언어가 사적 안녕 추구를 의미하는 해석으로 불가피하게 이어졌음을 보여 주었습니다. 그 결과는 세상이 (현대 서구 세계에서 그래 왔듯이) 각 개인이 가정적·사적 의미에서 '행복'을 추구할 '권리'를 갖는 곳이 되었다는 것이며, 또한 이 권리가 존중을 받는 데 국가의 책임이 있다는 것입니다. 물론, 죽음 너머에 무엇이 있는지에 대한 어떤 고려도 신뢰할 수 없으며 파괴적입니다. 그것은 신뢰할 수 없는데, 과학의 방법들이 죽음 너머에 무엇이 있는지에 대한 어떤 믿을 수 있는 지식도 제공하지 않기 때문입니다. 그것은 파괴적인데, 관심의 방향을 현재 삶에서 모든 사람의 권리인 '행복'을 떠나 다른 삶에 있다고 주장되는 행복으로 향하게 만들기 때문입니다. 다른 삶에 대해서 우리가 갖고 있는 권위는 계몽되지 못한 가난한 이들의 희생으로 아주 편안하게 살아가는 성직자의 권위뿐입니다.

---

8 Hannah Arendt, *On Revolution* (New York: Viking Press, 1963), 3장. 『혁명론』(한길사).

일단 '인권'이라는 개념이 공리로 자리 잡으면, 이러한 권리가 "어떻게 그리고 누구에 의해 보장되는가"라는 질문이 불가피하게 떠오릅니다. 계몽주의 이후 사회들은 "국가에 의해서"라는 답을 점점 더 강하게 제시합니다. 민족 국가(nation state)는 거룩한 교회와 신성한 제국이라는 옛 개념들을 대체하면서, 계몽주의 이후 유럽에서 정치 무대의 중심이 되었습니다. 17세기 종교 전쟁들이라는 트라우마를 겪은 후, 유럽은 종교적 공존 원칙에 안주했고, 이전까지 서로 다른 종교 해석들에 집중되었던 열정이 더욱더 민족 국가라는 체계에 집중되었습니다. 국가주의(nationalism)는 유럽 민족들의 유력한 이념이 되었으며, 위기의 순간마다 언제나 다른 이념 혹은 종교 세력들보다 강력하다는 것을 증명했습니다. 궁극적으로 충성해야 할 어떤 실체가 있다면 그것은 민족 국가입니다. 20세기에 우리가 익숙해진 사실은 국가의 이름으로 가톨릭교도가 가톨릭교도와 싸우고, 개신교도가 개신교도와 싸우고, 마르크스주의자가 마르크스주의자와 싸우는 것입니다. 혹시라도 신성 모독의 혐의를 제기하면 이상한 시대착오로 취급되지만, 반역죄는 민족 국가에 대한 충성보다 더 큰 충성을 다른 곳에 바치는 것으로서 용서받을 수 없는 범죄로 여겨집니다. 민족 국가가 신의 자리를 차지했습니다. 이전에 교회에게 맡겨졌던 교육, 치유, 공적 복지에 대한 책임들이 더욱더 민족 국가로 귀속되었습니다. 현재의 세기에 이 움직임은 '복지 국가'의 등장에 의해 엄청나게 빨라졌습니다. 국가 정부들은 이전 세대들이 오직 하나님만 제공할 수 있다고 생각했던 것들, 즉 두려움, 굶주림, 질병, 결핍으로부터의 자유, 즉 한마디로 말해 '행복'을 책임지고 제공할 수 있는 존재로 널리 여겨지고 있습니다.

지금 우리가 우리의 현대 세계를 존재하게 했던 '전향'(conversion)을 비판적으로 바라보아야 할 필연적인 상황이라면, 그렇게 하기 전에 먼저 계몽주의에 진 막대한 빚을 인정해야만 합니다. 지금도 임마누엘 칸트(Immanuel Kant)가 "계몽이란 무엇인가?"라는 질문에 제시한 답에 감동을 받지 않을 수 없습니다. "계몽은 인간이 자초한 보호에서 벗어나는 것이다. 보호는 다른 사람의 지도 없이는 자신의 이해력을 사용하지 못하는 것이다. '감히 알려고 하라'(*Sapere aude*)! 당신 자신의 이해력을 사용할 용기를 가지라는 것이 계몽주의의 모토다"(35쪽의 각주 6을 보라). 이 강력한 명령에서 흘러나온 해방하는 결과들을 누가 부인할 수 있겠습니까? 그리스도인들이 특히 꼭 인정해야 할 것은 성경과 교회의 가르치는 사역이 인간 정신에 족쇄가 되었다는 점, 양심과 지적 탐구의 자유에 대한 장벽 제거가 계몽주의 지도자들이 교회의 저항에 맞서 이루어졌다는 점, 이것이 많은 학대·억압·무지를 끝낼 수 있었다는 점, 그리고 이 해방이 가능하게 만든 과학과 기술에서의 발전들이 이후 세대에 엄청난 유익을 가져왔다는 점입니다. 우리가 계몽주의에 진 빚을 인정하지 않는다면 부정직한 일이 될 것입니다.

계몽주의가 미처 이룩하지 못한 일들이 여전히 우리 시대가 이루어야 할 일에서 큰 몫을 차지한다는 견해에 대해서도 말할 것이 많습니다. 계몽주의 지도자들은 자신들이 정한 과업을 완수한 것이 결코 아닙니다. 그들도 이기적 이익을 정당화하려고 영원한 진리를 운운하는 인간의 죄에서 예외가 아니었습니다. 18세기 철학자들이 옹호했던 '인권'은 주로 신흥 부르주아들의 권리였습니다. 자유는 주로 재산을 소유하고, 교역하고, 여행할 자유를 의미했습니다. 노동자들이 노동조합을 조직하거나, 흑인들이 투표하거나, 원주민들이 토지를 보전하거나, 여성이 남성과 동등한 권리를 가질 수 있는 자유가 아니었습니다. 20세기 후반에도 우리는 여전히 이런 미완의 과업과 씨름하고 있습니다.

그러나 역사의 시대들은 항상 중첩되며, 따라서 우리

는 계몽주의가 마치지 못한 과업을 완수하기 위해 노력하는 한편, 세상을 이해하는 계몽주의의 방식이 더 이상 우리를 만족시킬 수 없다는 사실도 알아야만 한다고 저는 믿습니다. 18세기의 '설명들'은 더 이상 우리에게 의미를 주지 못합니다. 우리는 이 미완의 과업 너머로, 또 하나의 새로운 과제에 직면해 있습니다. 그것은 바로, '사물의 실상'에 대한 새로운 이해를 추구하는 일입니다. 그것은 막다른 길에 이르렀다는 느낌에 맞서서 의미의 새로운 지평들을 열어 줄 것입니다.

3장 새로운 틀

앞 장에서는 계몽주의 이후 근대의 서구 국민들이 경험을 파악하고 대처하는 방식을 지배해 온 '자명한' 진리들의 틀을 간단하게나마 개략적으로 그려 보려고 했습니다. 1983년에 글을 쓰면서 불가피하게, 저는 오늘날 우리에게 이러한 것들이 더 이상 자명하지 않다고 암시할 수밖에 없습니다. 18세기의 기대들은 실현되지 않았습니다. 천상의 도시는 도래하지 않았고, 우리는 그것을 더 이상 기대하지도 않습니다. 과학은 18세기의 꿈들을 뛰어넘는 개가를 올렸으나, 그 결과인 세상은 이전 세기들보다 더 합리적 세상으로 보이지 않습니다. 지구에서 가장 강력한 나라들의 점점 더 많은 사람이 비이성적 세력들의 손아귀에서 무력감을 느낍니다. 정부가 이룰 수 있는 것이 무엇인지에 대한 깊은 회의론이 '동'과 '서'를 막론하고 있습니다. 현대 커뮤니케이션 및 통제 기술들은 정부에 더욱더 분명한 힘을 부여하지만, 자신들의 권리를 주장하는 집단들도 더욱더 정교한 형태의 저항으로 맞서고 있습니다. 결과적으로 폭력은 점점 더 심화되어 한편에서는 테러가, 다른 한편에서는 고문이 자행됩니다. 18세기 철학자들이 암흑시대의 것으로 여겼던 끔찍한 잔혹 행위가 지금은 '문명화된' 정부들에 의해 자행됩니다. 그리고 테러나 고문에 직접 연루되지 않은 사람들 사이에는 무의미함에 대한, '무질서'(anomie)에 대한 깊은 인식이 있는데, 이는 부유한 세계의 젊은이들이 제기하는 "나는 누구인가?"라는 무기력한 질문으로 시작해서 우리의 풍요로운 도시들 거리에서 일어나는 분별없는 야만적 파괴 행위로 이어집니다. 1968년 혁명의 열기로 가득했던 시절, 파리 학생들이 거리 낙서로 남긴 구호는 "우리는 굶어 죽거나 지루해서 죽는 것 사이의 양자택일을 거부한다"입니다. 그들의 후계자 수천 명이 '의미'를 찾아 인도를 떠돌아다니지만, 거기서 자신들이 피해 도망친 이 두 가지(굶주림과 지루함)를 다 마주쳤습니다.[1]

우리의 합리적 능력들을 '교리'의 통제로부터 해방한 것이 우리를 합리적인, 즉 (인기 많은 말로 표현하자면) '의미 있는' 세상으로 이끌지 못했음은 확실합니다. 다시 한번 우리는 일반적으로 인정된 '설명들'이 더 이상 설명하지 못하는 지점에 있습니다. 제가 탄 인도 버스가 철문을 들이받아

---

[1] Gita Mehta, *Karma Cola: Marketing the Mystic East* (London: Cape, 1980)를 보라.

승객들 다리를 부러뜨렸을 때, 브레이크가 고장 났다는 제 '설명'은 인도 목사에게는 아무런 설명이 되지 않았습니다. 그리고 그가 옳았습니다. 과학은 '자연의 법칙들'('사물 사이의 필연적 관계들')을 대담성과 엄밀함으로 추적했으며, 이는 인간 정신의 가장 위대한 업적들 가운데 있습니다. 그러나 그 결과는 의미 없는 세상입니다. 그렇지 않다면 왜 점성술이 서양의 가장 '발전한' 나라들에서 그토록 급성장하는 산업일까요? 과학이 제공하는 '설명들'은 더 이상 설명하지 못합니다. 누군가는 브레이크 고장의 원인을 끝없이 역추적해서 세상의 창조까지 거슬러 올라갈 수도 있겠지만, 그것으로는 선교사로 일하기를 시작하자마자 다리가 부러진 사람이 하필이면 제가 된 이유를 설명할 수 없을 것입니다. 어떻게 이 사건이 제게 의미 있을 수 있을까요? 바로 그것이 '과학'이 묻지도 않고 대답하려고도 하지 않는 질문입니다.

    제가 보기에 이 지점에서 우리가 직시해야 하는 사실은, 우리에게 있는 문제들이 우리 문화가 제공하는 조건 안에서 해결되지 않으리라는 것입니다. 계몽주의의 후예들이자 '근대의 과학적 세계관'의 대변자들로서 우리의 일반적 절차는 일련의 '문제들'을 나열하고, 원인들을 밝히고, 상황에 대한 과학적 분석에 기반해서 '해결책들'을 제시하는 것입니다. 보통 우리는 적절한 연구가 밝혀낼 수 있고 적절한 기술들이 제공할 수 있는 해결책이 원칙적으로 있어야 한다고 가정하면서 진행합니다. 오늘날 우리는 이러한 접근 방식에 회의적입니다. '해결책' 없는 '문제들'이 인간 삶에 있음을 알게 되었습니다. 우리 인간이 처한 상황을 이해하기 위한 새로운 모델들이 필요한 것이 아닌지 물어야 합니다. 이는 우리가 이해에 대해 일반적으로 받아들인 틀을 다시 검토해야 함을 의미합니다. 어떤 분야에서의 효과적 행동을 위한 전제 조건은 사물의 실상을 바로 아는 것입니다. 지난 2세기 동안 우리 문화는 세상을 바꿀 수 있다는 자신감이 있었습니다. 아마도 이제는 세상을 이해하는 것이 가장 중요하다고 주장해야 할지도 모르겠습니다.

스스로를 어둠을 밝히는 빛이라고 여겼던 사상의 흐름을 간략히 살펴보면서, 우리는 얼마나 자주 '교리'라는 단어가 이성의 자유로운 사용에 장애물로 나타났는지 보았습니다. 더 오래된 기독교 전통에서 '교리'는 좋은 단어였습니다. 우리가 의존할 수 있는 확실한 진리, 복된 선물이었습니다. 반면에 '의심'은 악한 것이었습니다. 선악과 열매를 먹지 말라는 하나님의 명령이 선하다는 것을 의심한 아담과 하와의 죄가 그것을 보여 주는 상징입니다. 성경 이야기에 따르면 원죄는 이후의 모든 죄의 뿌리로서, 하나님을 온전히 신뢰할 수 없다는 의심을 품는 의지이며, 따라서 하나님이 감추신 것을 자기가 보고 싶어하는 것이었습니다. 창세기 이야기에 따르면, 하나님이 정해 놓으신 한계는 신뢰하라는 초대였습니다. 악은 하나님이 의도하신 것이 아닙니다. 그분의 뜻은 사람이 오직 선만 아는 것입니다. 하지만 하나님을 신뢰할 수 없다면, 사람이 양쪽을 모두 살펴보고 스스로 마음을 정할 수 있어야 합니다. 그래서 유혹하는 자가 이렇게 말합니다. "너희 눈이 밝아져 하나님과 같이 되어 선악을 알 줄 하나님이 아심이니라"(창 3:5). 이런 방식으로 인간의 상황을 이해하면, 사랑하는 신뢰를 의미하는 믿음은 가장 중요한 미덕이고 의심은 원초적 죄입니다.

계몽주의는 두 단어의 역할을 뒤바꿨습니다. '의심'이 지식의 첫째 원리로서 명예의 위치로 격상된 것입니다. 기존의 의견을 모두 기꺼이 의심하는 것이 진리에 도달하기 위한 가장 중요한 조건이었습니다. 반면에 '교리'는 나쁜 말이 되어서, 인간 이성의 자유로운 발휘를 구속하는 모든 것을 의미했습니다. 그리고 그것은 오늘날까지 이어졌습니다. 자신의 학문 분과가 전통적 이름인 '교의학'(dogmatics)으로 불리는 것을 좋아할 영국 신학자는 거의 없습니다. 두 단어의 역할이 뒤바뀐 것은 근대의 과학적 세계관이 시작되게 한 경험의 핵심이었습니다. 이런 뒤바뀜에 함축된 내용을 살펴보는 것은 지금 우리가 처한 상황을 이해하는 데 도움을 줄 수 있습니다.

계몽주의자들은 의심을 '미신'과의 전쟁에서 필수적 무기로 여겼습니다. 지식의 가장 큰 적은 합리적 의심에 굴복하기를 거부하는 미신적 믿음이었습니다. 고대인들의 권위나 이른바 계시의 권위로 받아들여진 교리들을 관찰, 분석, 비판적 이성이라는 무기들을 사용해서 해체해야 했습니다. 그리고 다시 한번, 우리는 고대로부터 이어져 온 수많은 미신의 권세를 깨뜨리는 일에서 계몽주의에 빚을 졌다는 것을 인정해야 합니다. 그러나 의심은 지식의 활동에서 부차적 요소일 뿐 일차적 요소가 아닙니다. 비판 능력은 비판적 질문의 순간에도 의문시되지 않는 믿음들에 근거해서만 작동할 수 있습니다. 자신의 믿음들을 모두 의심한다면 어리석음에 빠질 수밖에 없습니다.

사물의 실상에 대한 모든 이해는 주목의 행위로 시작되는데, 이는 우리가 늘 어렴풋이 의식하는 전체 환경 중에서 특정한 것에 주의를 기울이려고 의도적으로 우리 자신을 개방하는 것입니다. 이 원초적 행위는 신앙의 행위입니다. 우리에게는 그것이 주의를 기울일 가치가 있는지 미리 알 수 있는 방법이 없습니다. 그것이 시각적인 것이든 소리든 감각이든 말이든 무엇이든, 우리는 거기 있는 것에 주의를 기울이는 행위로 시작해야 합니다. 이것은 '받아들임'의 행위입니다. 그러나 '받아들임'을 위해서는 그것을 우리가 이미 가지고 있는 경험과 어떤 식으로든 관련시켜야 합니다. 오직 이런 방식으로만 그것은 의미를 갖습니다. 그러나 이러한 관련시키는 행위에서 우리는 질문해야 합니다. 새롭게 파악한 이 사물이 우리가 이미 가지고 있는 경험에 의문을 제기하거나, 그 경험에 의해 의문시될 수 있습니다. 이러한 의문의 요소, 사실상 의심의 요소가 없다면, 사물의 실상에 대한 확실한 지식이 있을 수 없습니다. 우리는 미신에 현혹되기 쉽습니다. 그러나 어떤 믿음이든 의심할 수 있게 하는 비판적 능력 자체가 우리의 의문에 기초를 제공하는 믿음들에 의존합니다. 따라서 의심이 필수적이지만, 사물의 실상을 아는 일에서는 부차적입니다. 주의를 기울이고 받아들이는 행위가 일차적이며, 이것이 신앙의 행위입니다.

    우리의 현대 문화를 만들어 낸 운동의 중심에는 믿음과 의심 사이에 있는 균형에서의 변화가 있습니다. 사물의 실상에 대한 유럽 사람들의 인식이 신적 계시에 기초한 교리에 의해 통제되던 매우 긴 기간이 끝난 후에, 유명한 문구인 "감히 알려고 하라"에서 의심의 원리가 다시 주장되었습니다. 그리고 그 결과가 이 슬로건을 처음 사용한 사람들이 꾸었던 꿈 이상으로 많은 열매를 맺었다는 것을 누가 부인할 수 있겠습니까? 그런데 왜 우리는 지금 막다른 길에 이른 것처럼 느낄까요? 왜 삶이 우리 문화에서 살아가는 수많은 사람에게 무의미하게 되었을까요? 마이클 폴라니(Michael Polanyi)는 그 답을 생생한 비유로 제시합니다.

> 오늘날 그 과정의 끝에 다다른 것처럼 보이는 비판 운동은, 어쩌면 인간 정신에 의해 유지된 노력들 가운데 가장 결실이 풍성할 것이다. 지난 4-5세기는 중세의 우주 전체를 점차 파괴하거나 퇴색시키고, 비슷한 기간의 어떤 시기와도 비교할 수 없을 정도로 우리를 정신적으로도 도덕적으로도 풍요롭게 했다. 그러나 그 작열하는 불꽃은 기독교 유산을 그리스 합리주의의 산소로 연소시켜 타올랐고, 연료가 고갈되자 비판적 틀 자체까지 태워 버렸다.[2]

---

2 Michael Polanyi, *Personal Knowledge: Towards a Post-critical Philosophy* (Chicago: University of Chicago Press, 1958), pp. 265-266. 『개인적 지식』(아카넷).

더 나아가 폴라니는 로크가 신앙을 "지식에는 못 미치는 지성의 확신"이라고 정의한 것을 인용한 후에, 이어서 다음과 같이 말합니다.

비판적 정신이 두 가지의 인지 능력들 가운데 하나를 거부하고 나머지에 전적으로 의지하려고 시도했던 단절이 바로 여기에 있다. 믿음은 너무나 철저히 신뢰를 잃어서, 종교적 믿음들을 지키고 고백하는 것이 여전히 허용될 수 있는 명백히 특권적 경우들을 제외하고는, 현대인은 어떤 명시적 진술도 자신의 믿음으로 받아들일 수 있는 능력을 상실했다. 모든 믿음은 주관성의 지위로 전락했다. 지식이 보편성에 못 미치는 불완전한 지위로 떨어진 것이다.[3]

제 의도는 폴라니가 '비판 이후 철학'(post-critical philosophy, 후기 비판적 철학)을 우리 문화의 갱신을 위한 필연적 출발점으로 요청할 때 그의 주장의 다음 단계에서 그를 따르는 것입니다. 하지만 그렇게 하기 전에, 폴라니가 '현대' 세계에서 종교적 믿음에 부여된 '명백히 특권적 경우들'에 대

3   같은 책, p. 266.

해 말할 때 언급한 중요한 요점을 다루려고 합니다. 그가 여기서 제기하는 요점은 우리의 상황을 이해하는 데 꼭 필요합니다.

중세의 세계관은 기독교 교리에 기초한 것으로서, 사회의 삶 전체, 즉 공적인 것과 사적인 것 모두를 포용하는 세계관이었습니다. 그것은 기도와 성례전은 물론이고 경제 및 사회 질서와도 관련이 있었습니다. 성경과 마찬가지로 그것은 인간의 삶이 그 총체성 가운데 이해되어야 함을 상정하는데, 말하자면 삶으로서 공적인 것과 사적인 것 사이에, 신자와 시민 사이에 이분법이 없다는 것입니다.

교회가 계몽주의의 도전에 대응하려고 한 시도에 관한 이야기는 물론 복잡합니다. 서방 기독교는 종교개혁이 온 교회를 품는 데 실패한 것으로 인해 이미 분열된 후였습니다. 처음부터 사상의 새로운 방향에 도전하는 목소리들이 있었습니다. 이런 목소리들 가운데 지금 기억되는 유일한 것이 파스칼의 목소리일 것입니다. 지나친 단순화의 위험을 무릅쓰고 말하자면, 로마 가톨릭 교회는 계몽주의에 대항하는 방어벽을 세운 반면, 개신교 교회들은 점차 공적 영역을 계몽주의의 가정들에 의해 통제되도록 넘겨주고 사적 영역으로 물러남으로써 살아남았다고 할 수 있을 것입니다. 18세기 이후 개신교 형태들로 표현된 살아 있는 기독교 신앙의 전형적 모습은 경건주의, 즉 영혼, 내면의 삶, 개인적 도덕, 가정의 종교였습니다. 교회는 교육 영역을 옛 틀 안에 두려고 참으로 고군분투했지만 성공하지 못했습니다. 먼저 대학들이, 그다음에는 학교들이 그 전제들에서 순전히 '세속적으로' 바뀌었습니다. 대학 입학을 위한 조건은 더 이상 기독교 교리의 틀을 받아들이는 것이 아니라, 계몽주의 사상들이 제공하는 틀을 받아들이는 것이었습니다. 많은 사람에게 기독교 신앙은 정치와 경제의 공적 세계와 엄격히 분리된, 사적이며 가정적인 문제가 되었습니다. 더 이상 성경은 세계 역사를 이해하는 틀을 제공하지 않았습니다. 이제 세계 역사는 문명의 역사로 가르쳐졌고, 지극히 당연히 서유럽 문명이 그 정점이었습니다. 역사를 이해하는 또 다른 방법은 1세기의 한 유대인 인격에서 절정을 이른 것으로, 그것은 '종교적 교훈'을 다루는 별도의 학과로 격하되어 인간 영혼의 역사에 대한 하나의 우화로 취급되었습니다.

기독교는 이렇게 확립된 계몽주의 이후의 문화와 그토록 오래 평화롭게 공존해 왔고, 따라서 이제는 교회가 우리의 '현대' 문화에 대한 진정한 선교적 접근을 위한 관점을 회복하기 어렵게 되었습니다. 과거에 다른 비전에 따라 형성된 문화와 복음이 처음으로 접촉하게 될 때, 선교사는 두 '틀'의 차이점을 인식해야 하고 그 메시지를 다른 문화 전체가 이해할 수 있고 도전받을 수 있게 만들 방법들을 찾아야 합니다. 선교사는 두 함정을 피하려고 할 것입니다. 하나는 문화를 이해하는 데 실패해서 메시지가 적실성 없게 보이는 것입니다. 다른 위험은 문화를 무비판적으로 받아들여서 메시지가 근본적 도전을 제기하지 못한 채 단순히 흡수되는 것입니다. 두 번째 상황은 종종 혼합주의로 묘사됩니다. 현재의 영국(과 대부분의 서구) 기독교가 중증으로 진전된 혼합주의의 사례임을 부인하기는 어려울 것입니다. 교회는 너무 오랫동안 허용될 뿐 아니라 심지어 특권을 누리는 소수로 살아오면서, 공적 삶이 실재에 대한 완전히 다른 비전에 의해 통제되는 문화에서 사적 영역으로 격하되는 것을 받아들였고, 따라서 교회는 그 비전과 '현대 서구 문명' 전체에 근본적 도전을 제기할 힘을 거의 잃었습니다. 세계 선교 상황을 전체적으로 살펴볼 때 이 실패는 전 세계 상황에서 가장 중요하고 가장 심각한 요소인데, 왜냐하면 이 서구 문화가 세계의 다른 모든 문화에 침투해 왔고 그것들을 모두 불안정하게 만들 위험이 있기 때문입니다.

다른 세계관의 그늘 아래 갇힌 선택적인 사적 견해가 된 기독교가 특권을 누리는 위치에 있게 되었다는 것에 대한 언급은 우리가 폴라니의 주장으로 돌아가게 합니다. 그는 우리 현대 문화의 대단한 성취들을 인정하고 높이 평가하면서도, 이해를 위한 모든 노력에서 믿음과 의심 사이의 균형에 변화를 가져올 때가 왔다고 주장합니다. 의심이 항상 필수적 요소일지라도 언제나 이차적이고, 믿음이 근본적임을 깨달아야 한다는 것입니다. 그의 책은 실재에 대한 모든 지식이 공동체의 신앙적 헌신에 달려 있음을 보여 주려는 굳센 시도로, 그 신앙적 헌신은 증명될 수는 없지만 앎의 기획에서 공동체의 '공생'(conviviality)에 필수 요소로 신봉됩니다. 이는 기독교 신자는 물론이고 과학자에게도 사실입니다. 그래서 폴라니는 '비판 이후 철학'이 우리 문화를 갱신하기 위한 필연적 조건이라고 호소합니다.

지금 필요한 것이 무엇인지에 대한 표시로 폴라니는 아우구스티누스의 기억을 소환하는데, 그의 작품은 "최초로 비판 이후 철학을 시작함으로써 그리스 철학의 역사를 끝낸" 것입니다.[4] 이 사례가 우리 시대에 특히 의미가 있는 것

---

4   같은 책.

은, 유럽을 현대의 찬란한 시대로 이끈 '전환'이 아우구스티누스에 의해 이루어진 것의 정반대이기 때문입니다. 기독교 교리로부터 기독교 이전 고전 세계의 정신과 방법으로 전환한 것입니다. 찰스 노리스 코크레인(Charles Norris Cochrane)은 그의 책 『기독교와 고전 문화』(*Christianity and Classical Culture*, 1940; 한국장로교출판사 역간)에서 고전 문화의 쇠퇴와 붕괴 이야기를 들려주는데, 고전 문화가 아우구스투스(Augustus) 치하에서 영광의 시대를 구가했던 때로부터 시작해서 더 이상 의미 있는 삶의 틀을 제공하기를 그치고 성 아우구스티누스에 의해 (서방 기독교 세계를 위해) 제시된 새로운 틀로 대체될 때까지의 이야기입니다. 아우구스티누스가 제시한 것이 '비판 이후 철학'이라는 의미는 그것이 예수 그리스도 안에 있는 하나님의 계시로 시작했고 이 계시를 믿음으로 받아들이는 것이 이해를 위한 끝없는 노력의 출발점을 제공한다고 주장했다는 데 있습니다. 계시는 경험을 파악하고 대처하는 새로운 틀을 제공했습니다. 고전적 사유가 벗어날 수 없었던 오래된 이분법들을 극복한 것입니다. ('물질적인 것'과 '영적인 것' 사이의 현대적 분열에 상응하는) '감각적인 것'과 '이성적인 것' 사이의 모든 실재를 가로지르는 넘어설 수 없는 구분과, 인류 역사 전체를 '덕행'과 '행운' 사이의 충돌로, 즉 한편으로 인간의 용기 및 기술과 다른 한편으로 운명의 맹목적 힘 사이의 충돌로 바꾸는 불합리성입니다. 예수 그리스도 안에 있는 하나님의 계시는 삼위일체 교리에서 명확히 표현된 것으로서, 이런 이분법들을 극복한 이해 방식을 제공했습니다. 삼위일체적 모델을 받아들이는 것이 의미하는 바는, 눈에 보이는 세계의 모든 사건을 지배하는 힘과 인간 내면에 빛을 비추고 강화할 수 있는 힘이 본디오 빌라도 시대에 베들레헴에서 갈보리까지 겸손한 길을 걸었던 그 사람과 하나라는 것입니다. 이 새로운 이해를 위한 출발점은 신앙이었습니다. 아우구스티누스는 이사야 7:9을 인용하면서 "믿지 아니하면 깨닫지 못하리라"고 합니다. 신앙은 종착점이 아니라 이해가 시작될 수 있는 출발점입니다. 이 모델은 이해에 이르는 길, 즉 신앙으로 받아들이도록 하기 위해 제공됩니다. 이 모델의 모토는 "나는 이해하기 위해 믿는다"(*Credo ut intelligam*)입니다.

우리의 상황과 아우구스티누스의 상황에는 명백한 유사점들이 있습니다. 우리는 비범하게 탁월했던 시대의 끝처럼 느껴지는 곳에 서 있습니다. '끝에' 있다는 느낌은 제가 제안한 대로 우리 문화에 미래가 없고 따라서 삶이 의미가 없다는 느낌입니다. 고전 문화는 아우구스티누스 시대에 붕괴되고 있었는데, 그런 문화로 계몽주의가 돌아가고자 한 것입니다. 우리가 물려받은 시대에 영감을 준 비전은 성경의 선지자와 사도의 것이 아니라, 그리스 철학자 및 로마 입법자의 것이었습니다. 만일 우리도 문화에 미래가 없어 보이는 지경에 이르렀다면, 만일 우리 젊은이들이 유럽이 걸어온 위대한 전 여정에 등을 돌리고 아시아의 역사적 맥락에서 벗어난 신비주의에서 의미를 찾고 싶어 한다면, 만일 자율적 이성의 엄청난 업적들이 기껏해야 무의미하고 최악의 경우 악마들로 가득한 세상을 만들어 낸 것 같다면, 그렇다면 폴라니가 옳다고 해야 할 것입니다. 즉 계몽주의가 '자명한' 것으로 여겼던 가정들의 틀 안에서 우리는 갱신을 찾을 수 없으며 근본적 전향, 새로운 출발점이 필요하다는 것입니다. 그저 믿음과 감사로 받아들이도록 주어진 신적 은총에 대한 신뢰의 행위로 시작하는 전환이자 출발점 말입니다.

하지만 물론 우리는 역사를 단순히 되풀이할 수는 없습니다. 아우구스티누스가 제공할 수 있는 것은 모델이 아니라 유비입니다. 만일 우리가 폴라니를 따라 '비판 이후 철학'을 우리 문화의 갱신을 위한 전제 조건으로 요청한다면, 만일 우리가 오늘날 의식적으로 비판을 거부하는 진술들에 우리의 모든 미래를 걸도록 준비되어야 한다고 주장한다면, 이는 지난 250년 동안 있었던 우리 경험의 돌이킬 수 없는 성격에 대한 전적 인정 가운데서만 가능합니다. 이 점에 대해 폴라니는 다음과 같이 적습니다.

> 이렇게 교리주의(dogmatism)로 초대하는 것이 충격적으로 비칠 수 있다. 하지만 이는 인간의 비판력이 크게 증가한 데 따른 결과일 뿐이다. 이 능력은 다시는 벗어날 수 없는 자기 초월 능력을 우리의 정신에 부여했다. 우리는 선과 악에 대한 우리의 지식을 영원히 위태롭게 만든 나무에서 두 번째 열매를 땄고, 앞으로 새로운 분석 능력의 눈부신 빛에 비추어 이 특성들을 이해하기를 배워야 한다. 인류는 자신의 순수함을 두 번째로 잃었고, 어쨌든 바보의 낙원이던 또 다른 동산에서 쫓겨났다. 순진하게도 우리는 객관적 타당성의 기준에 의해 우리의 믿음들에 대한 모든 개인적 책임으로부터 벗어날 수 있으리라고 믿었지만, 우리 자신의 비판력이 이 희망을 박살을 냈다. 우리는 자신의 갑작스러운 발가벗었음에 대해 놀라, 허무주의를 표방하며 과시함으로써 뻔뻔스럽게 맞서려고 할지도 모른다. 그러나 현대인의 부도덕성은 불안정하다. 머지않아 그의 도덕적

열정은 객관주의의 탈을 쓰고 다시 등장하고, 과학주의적 미노타우로스(Minotaur: 얼굴과 꼬리는 소, 몸은 인간인 그리스 신화 속 괴물이다—옮긴이)가 태어난다.

이에 대한 대안을 내가 여기서 확립하려고 하는데, 즉 입증되지 않는 믿음들을 의도적으로 붙들 수 있는 힘을 다시 한번 우리에게 회복시키는 것이다. 우리는 현대의 철학적 비판이 현재의 예리함을 갖기 전에 암묵적으로 당연시했던 믿음들을 이제 의도적이고 공공연하게 고백할 수 있어야 한다. 그러한 힘은 자칫 위험해 보일 수 있다. 그러나 교의적 정통(dogmatic orthodoxy)은 안팎에서 모두 견제될 수 있는 반면, 과학으로 전도된 신조는 맹목적이고 기만적이다.[5]

물론 기독교 교회는 증명될 수 없어도 신앙으로 받아들일 수 있는 복음을 사람들에게 늘 제공해 왔습니다. 그렇다면 폴라니는 어떤 의미에서 새로운 것을 요청하고 있나요? 그 질문에 대한 답은 매우 중요한데, 다음과 같습니다. 우리 문화는 개인들이 이 신앙을 사적 선택으로 가질 권리를 인정하고 보호해 왔습니다. 그러나 이 사적 선택은 공적

---

5   같은 책, p. 268.

생활을 지배하는 원칙들과 명확히 구분되었습니다. 이 원칙들은 '공적 진리'의 영역에 속합니다. 즉 자명하다고 여겨지거나 모든 증거를 고려하려는 사람에게 그것이 참이라는 것이 제시될 수 있는 진리들에 의해 지배되는 영역입니다. 그것들은 대중적으로 사용되는 '과학적'이라는 말의 의미에서 '과학적으로' 증명될 수 있으며, 따라서 모든 합리적 인간이 받아들여야 할 것들입니다. 그러나 그것들은 또한 증명될 수 없지만 그럼에도 불구하고 그토록 오랫동안 '자명한' 것으로 여겨져서 비판적 질문을 거의 받지 않는 믿음들을 포함합니다. 본질적으로 그것들은 우리가 18세기 사상을 간략히 살펴보면서 확인했던 것들입니다. 즉 인간 이성과 양심의 자율성에 대한 믿음, 모든 인간이 최대한의 '행복'을 누릴 권리에 대한 믿음, 이러한 권리들을 보장할 것을 기대하는 존재인 민족 국가에 대한 믿음, 그리고 사건들을 이해하고 통제하는 수단인 현대 과학의 방법들에 대한 믿음입니다. 분명히 이 모든 것은 지난 200년 동안 크게 수정되고 발전했습니다. 특히 아인슈타인 이후 현대 물리학에서의 발전들은 움직이는 물질의 '객관적' 세계에 대한 뉴턴식 묘사를, 관찰자는 전적으로 외부에 위치해 있으면서 관찰할 수 있다는 전제를 파괴했습니다. 그러나 과학에서의 이러한 새로운 관점들은 아직도 대중이 생각하는 방식들을 바꾸지 못했습니다. 여전히 '공적 세계'는 계몽주의 시대에 생생하게 의식하게 된 관념들에 의해 통제됩니다. 일반적으로 그것들은 의문시되지 않고, 논증을 위한 자명한 출발점이 됩니다.

이제 제안하고자 하는 바는 다음과 같습니다. 즉 이해에 대한 또 다른 모델이 사적 세계에서만 아니라 공적 세계에서도 필요하며, 이는 역으로 우리의 가장 근본적 믿음들이 증명될 수는 없지만 신앙에 의해 유지될 수 있음을 인정할 것을 요구하며, 이해에 대한 이 새로운 모델을 우리 문화의 근원적 갱신을 위한 기초로 제공할 책임이 교회에 있으며, 그러한 근본적 갱신 없이는 우리 문화에 미래가 없다는 것입니다. 이를 아주 분명히 표현한다면, 교리의 역할에 대한 적절한 인정을 회복하라는 초대입니다. 교회가 우리 문화에 속한 모든 사람에게 제공하도록 초청받는 이해 방식은 대중적 의미로 '과학적'이지 않은 '현대' 사상의 측면에서 입증할 수 있다고 주장하는 이해 방식이 아니라, 하나님이 예수 그리스도 안에서 계시하셨으며 성경과 교회 전통에서 증언된 이해 방식이며, 또한 인간 실존의 신비를 탐구하고 신자들이 사적이고 가정적인 삶에서만 아니라 시민의 공적 생활에서도 감당해야 할 실천적 임무들을 대처하게 하는 새로운 출발점으로 제시된 이해 방식입니다.

4장 세 가지 질문

저는 앞 장의 마지막에서 제가 가진 믿음을 가장 명확한 형태로 진술했는데, 바로 우리가 처한 '현대의' 세계사적 위치는 이해를 위한 기존의 틀이 적절하지 않게 되었고 새로운 틀이 요구되는 시점이라는 것입니다. 저는 기독교 '교리'를 그 새로운 틀로 부끄러움 없이 제시할 것을 요청했습니다. 달리 말하자면, 저는 '현대' 문화에 대한 진정한 선교적 접근을 요청하는 바입니다.

이런 주장에는 곧바로 세 가지 질문이 제기되는데, 이제 이에 답하려 합니다.

1. '교리주의'를 폭력적 용어로 만든 사고방식에 의해 왜곡되는 것을 막기 위해서는 교리의 적절한 역할을 어떻게 보존해야 할까요?

2. 만일 기독교의 계시를 정치, 경제, 사회 체제 등의 공적 영역에서 이해하고 행동하기 위한 틀로 받아들여야 한다면, 어떻게 우리는 다시 '콘스탄티누스주의'의 함정에 빠지는 것을 피할 수 있을까요? 어떻게 보면 계몽주의는 17세기의 끔찍한 종교 전쟁들에 대해 유럽이 보인 반발의

일부였습니다. 그런 전쟁들은 콘스탄티누스 황제의 세례로 시작된 교회와 국가와 사회의 통합이 최종적으로 깨지는 것을 뜻했습니다. 제 제안은 '기독교 세계'(Christendom)라는 이념으로 돌아가라는 초대와 같을까요?

3. 실제로 성경은 공적 영역에서 특별히 기독교적으로 판단하고 행동하기 위한 권위를 우리에게 제공할까요?

이 책의 주장을 더 펼치기에 앞서 이런 질문들을 직시해야 합니다. 이 셋은 아주 밀접하게 연관되어 있어서 대답들을 완전히 분리하는 것이 불가능합니다.

A. 교리와 대화

저는 논증의 결정적 지점에서 폴라니를 따랐는데, 다시 한번 그를 인용하려 합니다. 폴라니가 제기하는 근본적 주장은 어떤 실재를 인식하는 것이 모종의 '틀'에 근거해야 가능하다는 점입니다. 그 틀은 인식의 행위에서 비판을 받지 않으며, 믿음의 더 궁극적 근거에 대한 언급으로 입증될 수 없습니다. 그는 이렇게 썼습니다.

> 이제 우리는 믿음이 모든 지식의 근원이라는 것을 다시 한

번 인정해야 한다. 암묵적 동의와 지적 열정, 관용어와 문화적 유산을 공유하는 것, 생각이 비슷한 공동체에 소속되어 있는 것—이런 것들이 우리가 사물을 파악하기 위해 의지하는, 사물의 본질에 대한 우리의 시각을 결정하는 충동들이다. 지성이 얼마나 비판적이든 독창적이든 상관없이, 그런 신앙의 틀(fiduciary framework) 밖에서는 작동할 수 없다.[1]

그러나 이것을 인정한다고 해서 모든 물음에 답이 되는 것은 아닙니다. '신앙의 틀'은 탐구와 질문의 한계가 아니라 시작점입니다. 따라서 (계속 인용하자면),

어떤 주제를 검토하는 과정은 그 주제에 대한 탐구이자, 우리가 접근하는 것에 비추어 우리의 기초적 믿음들을 해석하는 것이다. 즉 탐구와 해석의 변증법적 조합이다. 우리의 기초적 믿음들은 그런 과정이 진행되는 동안에 계속해서 재고되지만, 그 믿음들에 고유한 기본 전제의 범위 내에서만 그렇게 된다.[2]

---

1 Polanyi, *Personal Knowledge*, p. 267.
2 같은 책.

지금까지 저는 폴라니를 따르고 있습니다. 그러나 이 지점에서 저는 폴라니보다 한 걸음 더 나아가야 하는데, 이는 우리를 두 번째 질문으로 인도합니다. 저는 이전에 쓴 글에서 기독교 선교가 논리적 구조를 가지고 있으며 이는 폴라니가 앎에 대한 설명에서 제안한 것과 유사하다고 했습니다. 저는 다음과 같이 썼습니다.

(기독교 선교는) 기초적 믿음을 행동으로 옮기는 것이며, 동시에 이 믿음이 인간사의 모든 분야에서 행동으로 옮기는 경험에 비추어, 그리고 사람들이 그들의 삶을 이해하려고 노력할 때 동원하는 모든 다른 사고방식과 대화하면서, 끊임없이 재고되는 과정입니다.[3]

여기서 새로운 요소가 소개되는데, 바로 다른 사고방식들과의 대화라는 요소입니다. 우리가 사용하는 의미에서의 '신앙의 틀'이나 '방식'은 공동체의 지지에 의해서만 존재할 수 있습니다. 학문은 동일한 기본적 사고의 틀을 공유하는 학자들 집단이 기획한 것으로, 이 집단 없이는 불가능할

3　Lesslie Newbigin, *The Open Secret: Sketches for a Missionary Theology* (London: SPCK, 1978), p. 31. 『오픈 시크릿』(복있는사람).

것입니다. 그러한 집단은 모두 모종의 권력을 행사하는 '체제'(establishment)의 특성을 발전시킵니다. 학문적 공동체는 국제적으로 존재하고 운영되는 매우 강력한 체제입니다. 아마도 국가주의의 이념에 도전할 만큼 충분히 강력한, 유일한 존재입니다. 이 체제는 학술적 출판의 네트워크를 통해 어떤 생각들이 그 공동체에서 유통될 자격이 있고 또 어떤 것이 그렇지 않은지를 결정합니다. 물론 저항 세력이 항상 있고, 허가를 받을 수 있는지 여부가 불확실한 한계 사례도 있습니다. 초감각적 지각에 대한 연구가 때때로 이런 위치에 있는 것 같습니다. 하지만 요점은, 연구와 토론이 수행되는 '신앙의 틀'을 유지하고 보호하는 어떤 공동체 같은 것이 있어야 체계적 학문이 가능하다는 것입니다. 그리고 그러한 공동체는 모두 권력을 가집니다.

'콘스탄티누스' 체제는 기독교의 교리적 틀을 최고의 정치적 권력과 사실상 동일시했습니다. 그런 상황에서는 대화의 여지가 없습니다. '신앙의 틀'을 벗어나는 것은 시민 사회로부터의 배제를 의미합니다. 17세기 종교 전쟁에서 마침내 무너진 그 통합을 유럽이 거부한 것은 옳았습니다. 소련이 이를 다른 형태로 재창조하려 시도했으나, 인간 정신의 영원한 저항을 강압적으로 눌러야만 유지될 수 있는 일이었습니다. 이제 우리의 현대 서구 문화는 다원성(plurality)을 돌이킬 수 없는 사실로 인식합니다. 우리는 다른 '신앙의 틀들'이 공존하고 앞으로도 계속 그럴 것이라고 인정합니다. 문제는 그 틀들이 단지 상호 관용 속에서 공존할지, 혹은 대화 가운데 공존할지 여부입니다. 폴라니는 "우리의 기초적 믿음들은…계속해서 재고되지만, 그 믿음들에 고유한 기본 전제의 범위 내에서만 그렇게 된다"라고 했습니다. 어떤 대화가 진짜라면, 그것은 우리를 이 지점을 넘어 '신앙의 틀' 자체에 의문을 제기할 수 있는 곳으로 데려갑니다.

이것이 늘 인정되지는 않습니다. 대화의 미덕을 주장하는 많은 동시대 그리스도인은 자신들의 '신앙의 틀'이 근본적 질문으로부터 안전하다고 글로 분명히 밝힙니다. 이것은 모든 종교를 포괄할 수 있는 종교적 해석인 일종의 이상주의 철학이거나 '학문적 세계관'일 수 있지만, 종교와 이념 사이의 대화는 이 틀 안에서 이루어집니다. 예리한 힌두교 관찰자의 말을 인용하자면, 그것은 "위험 보험을 든 대화"입니다. 진정한 대화에서 위험에 처하는 것은 궁극적 '신앙의 틀'이고, 따라서 '개종'(conversion)이라고 불리는 근본적 '패러다임 전환'의 가능성이 항상 있습니다.

교리의 바른 역할을 새롭게 인식해야 한다는 요청이 중세로 돌아가려고 시도해야 한다는 것을 요구하지 않는다는 점이 이제 분명하게 되었기를 바랍니다. 만일 교리의 역할을 바르게 인식해야 한다는 호소가 다른 '신앙의 틀들'로부터 움직이는 이들과 실제로 대화하며 사는 법을 배워야 한다는 요구와 결합되지 않으면, 제 제안은 퇴행적이고 무익할 것입니다. 제가 호소하는 바는, 교회가 경험을 이해하고 대처하는 새로운 출발점을 제공하는 '신앙의 틀'을 위탁 받은 공동체라는 사실을 새로운 분명함으로 인식하라는 것입니다. 교회는 그러한 공동체로서 필연적으로 정치적·사회적 실재이지만, 콘스탄티누스 체제가 부여했던 정치적·사회적 권력을 다시 열망해서는 절대 안 됩니다. 다른 '틀들'에 따라 사는 이들과 진실하고 열린 대화 가운데 살아야 합니다. 하지만 지금 직면해야 할 가장 중요한 대화는 다른 종교들과의 대화가 아니라(물론 중요한 일이지만), 계몽주의 때 형성되고 그 이후로 유럽 교회들이 함께 잘못된 혼합주의 속에서 살아온 문화와의 대화입니다. 언제나 그런 대화는 우리 자신의 기본 전제들이 상대방에 의해 의문시된다는 것을 의미합니다. 제가 예수 그리스도와 관련해 믿는 것 때문에, 저는 이런 열린 만남이 교회와 대화 참여자들 모두를 진리에 대한 더욱 충만한 이해로 반드시 이끌 것이라고 믿습니다. 이것은 "위험 보험을 든 대화"가 아닙니다. 신앙의 궁극적 헌신, 즉 항상 모든 것을 걸고 위험을 감수하는 헌신의 일부입니다.

제가 호소하는 바는, 계몽주의 이후 문화와의 진정한 선교적 만남입니다. 너무 오랫동안 우리는 사적 영역을 선택할 특권적 위치를 받아들였습니다. 우리가 받았던 유혹은 지적 게토로 물러나서 일종의 경건을 교회와 가정에서 지키려 하면서, (학문 세계를 포함한) 공적 세계가 다른 이념에 의해 지배되도록 내버려두는 것입니다. 또는 '근대의 학문적 세계관'을 좋든 싫든 참으로 받아들여야 할 실재의 복사본인 것처럼 여기도록 유혹을 받았습니다. 그런 다음에 우리는 우리의 기독교적 믿음들을 '근대적 사고'의 요구들에 맞게 조정하고 기독교 전통이 우리에게 제시하는 견해와 정서와 정책을 위한 여지를 찾으려고 애쓰지만, 항상 '근대의 학문적 세계관'의 틀 안에서 그렇게 합니다. 참된 선교적 접근은 이 두 전략을 모두 거부할 것이고, 현대 유럽 문화가 발전했던 틀과 매우 다르고 (어떤 측면에서는) 양립할 수 없는 '신앙의 틀'을 기독교 교리가 제공한다는 사실도 솔직하게 인정할 것이고, 또한 기독교 '교리'를 제시하는 데 매우 담대하고 타협하지 않으면서도 다른 근본적 신념들에 따라 살아가는 이들과의 대화에서는 아주 겸손하고 배우려는 자세를 취할 것입니다.

B. 콘스탄티누스 시대로 돌아가는 것이 아니다

첫 번째 질문에 답하려고 시도하면서 자연스럽게 저는 두 번째 질문을 다룰 수 있게 되었습니다. 관례적으로 콘스탄티누스의 회심을 (그것이 실제로 진짜였든 '외교적'인 것이었든) 교회 역사상 중대한 재앙들 가운데 하나로 말합니다. 이 판단은 오늘날 기독교를 공적 영역에서 사적 부문으로 거의 완전히 몰아낸 문화에서 내려진 것입니다. 조금만 생각해 보면, 이런 의견의 이면에 현실성이 부족함을 알 수 있습니다.

예수의 메시지는 왕권, 즉 하나님의 우주적 주권에 관한 것이었습니다. 세상의 공적 삶과 동떨어진 것으로 여겨진 영혼의 내적 삶에 관한 메시지가 아니었습니다. 그러므로 예수의 주장이 황제의 주장에 우선한다고 교회가 주장했을 때, 예수의 메시지에 충실했던 것입니다. 이 주장으로 교회는 제국 권력과의 충돌을 피할 수 없게 되었습니다. 충돌을 피하기는 쉬웠을 것입니다. 로마법은 '공적 종교'를 특히 제국의 동부에서 번성했던 많은 '사적 종교들'과 구분했습니다. 전자는 황제 숭배에 중심을 둔 것으로, 사회를 통합하는 끈으로 여겨졌습니다. 후자는 다양한 훈육과 믿음을 통해 회원들에게 개인적 구원의 길을 제공하는 매우 다양한 집단을 포괄했습니다. 이러한 종교 단체들을 나타내는 온갖 종류의 단어들이 있었습니다. 기독교의 반대자들은 교회를 언급하는 데 이 단어들을 사용했지만, 첫 3세기의 그리스도인들 가운데서는 누구도 그렇게 한 적이 없었습니다. 달리 말해, 교회는 스스로를 구성원들의 개인적 구원을 증진하는 단체로 여기지 않았습니다. 만일 교회가 그렇게 하는 것으로 만족했다면 법의 보호를 누렸을 것입니다. 이는 교회들이 우리의 현대 문화에서 누리는 것과 똑같은 보호이며, 정확히 동일한 이유로 가능합니다. 즉 교회들이 공적 삶을 통제하는 이념에 위협이 되지 않는다는 것입니다. 초기 교회의 성경인 헬라어 구약성경에는 하나님의 백성인 회중을 가리키는 두 단어가 있습니다. 그중 하나인 '쉬나고고스'(*sunagogos*)는 제국 전역에 걸쳐 소수 종교로 존재했던 유대인 공동체들을 가리키는 말로 이미 통용되고 있었습니다. 다른 하나인 '에클레시아'(*ecclesia*)는 시 당국이 수시로 소집하는 공적 회합을 가리켰는데, 모든 시민을 소집해서 도시의 공적 사안들을 논의하고 결정하는 회합이었습니다. 교회는 자신을 '에클레시아 데우'(ecclesia Theou), 즉 하나님의 에클레시아로 부르면서 스스로에 대한 이해를 명확히 했습니다. 온 인류가 소집되는 공적 회합으로, 마을 관리가 아니라 하나님에 의해 부름을 받았습니다. 그런 회합에서는 어떤 지상 황제가 패권을 주장할 수 없었습니다. 하지만 로마법은 그런 종류의 회합을 허용할 수 없었습니다.

폭력의 정도가 달랐을 뿐, 두 주장 사이의 갈등은 두 세기 반에 걸쳐 지속되었습니다. 교회 편에서의 희망은 정치적 성공이 아니었고, 그것은 가능하지도 않았습니다. 그 희망은 모든 경쟁하는 주장을 사라지게 할 하나님의 통치에 대한 계시에 있었습니다. 교회의 유일한 무기는 증언의 말씀과, 증인들인 순교자들의 신실함이었습니다. 결국 그 무기는 제국이 가진 무기보다 더 강력하다는 것이 입증되었습니다. 제국은 저항할 의지를 잃었는데, 제국이 기초해 있던 세계관이 부실하다는 것이 드러났기 때문입니다. 고대 세계의 영적 자원은 바닥났습니다. 지난날 어떤 그리스도인도 꿈조차 꿀 수 없던 일이 일어났습니다. 황제가 그리스도의 멍에 앞에서 패배를 인정한 것입니다.

그렇다면 교회는 어떻게 해야 했을까요? 교회의 영적

건강을 위해서, 그러므로 하나님의 목적을 위해서, 황제가 이교도로 남아서 교회를 계속 박해하는 것이 더 낫다고 황제에게 권고해야 했을까요? 황제를 거의 두 번째 그리스도로 칭송했던 어처구니없는 일은 잊어버리고 용서도 합시다. 그 역사적 순간에 교회는 하나님의 우주적 통치에 관한 메시지인 복음에 대한 자신의 신실함을 어떻게 달리 표현할 수 있었을까요? 당시에 어떤 다른 가능성이 있었는지 알기는 어렵습니다. 기독교적 정치 질서에 대한 실험이 이루어져야 했습니다. 그것이 이루어졌고, 그 열매에는 근대 세계를 탄생시킨 '기독교 유럽'의 창조가 포함됩니다. 그러나 그 실험은 종교 전쟁들이라는 절망적 싸움으로 끝났습니다. 유럽은 무의미한 갈등에 지쳐서 등을 돌리면서, 공적 삶을 위한 새로운 '신앙의 틀'을 찾아냈습니다. 우리는 이미 그 윤곽을 그려 보았습니다. 교회와 국가 사이의 콘스탄티누스 동맹으로 되돌아갈 길은 없습니다. 이제 우리가 직면해 있는 새로운 과제는 다음과 같이 정의될 수 있는데, 즉 그리스도가 모든 생명의 주님이라는 주장을 콘스탄티누스의 곤경에 빠지는 일 없이 교회의 삶과 가르침에서 어떻게 구현할까 하는 것입니다. 이 질문에 답하려면 몇십 년에 걸친 값비싼 연구와 실험이 필요하겠지만, 어느 정도의 기본 지침들은 간략히 그려 볼 수 있습니다.

예수의 사명은 하나님의 통치를 선포하고 구현해야 했는데, 창조된 세계 전체와 그 안에 있는 모든 것에 대한 지배를 주장하는 통치입니다. 그런 주장과 세상에 대해 찬탈한 주권을 행사하던 권세 사이의 싸움은 십자가 위에서 벌어지고 정리되었습니다. 승리는 죽음 너머에 있습니다. 그러나 예수의 부활 가운데, 그리고 성령의 선물로, 우리는 지금 이 시대에 그 승리를 보증으로 받고 미리 맛봅니다. 그러므로 세상에서 우리의 모든 행동의 지평은 지상의 유토피아가 아니라, 하나님의 새 창조인 천상의 도시입니다. 우리의 질문에 대해 바르게 답하는 열쇠는 참된 종말론에 있습니다.

성경은 하늘에서 땅으로 내려오는 거룩한 도시의 비전으로 끝을 맺습니다. 그것은 모든 사람의 공적 삶과 사적 삶 모두를 아우르는 완성에 대한 비전입니다. 이 둘 사이에 이분법은 없습니다. 그날에 앞서 죽은 자들은 살아 있는 자들이 계속해서 예배하는 교회 주변의 '공동 숙소'에서 쉬고 있습니다. 그날이 오면 모두 함께 최후의 심판에 참여하게 될 것이고, 복된 자들에게는 천상의 도시가 주어질 것입니다.

성경의 틀을 대체한 새로운 틀은 공적 비전과 사적 비

전을 분리했습니다. 새로운 비전에 따르면, 공적 역사와 관련해서는 인간이 역사의 목적을 짊어진 존재입니다. 모든 인간이 학문이 부여하는 모든 새로운 힘을 가지고 지상에 천상의 도시를 건설하리라는 것입니다. 바로 이 기대가 공적 삶에 의미를 부여합니다. 개인에게는 다른 희망이 있습니다. 죽음이 여러분을 이 세상에서 놓아줄 때 도피하는 다른 세상에서 누릴 축복의 희망입니다. 그 지점부터 이 세상의 미래 역사는 여러분의 관심사가 아닙니다. 만일 여러분이 개신교도라면(또는 과거에 그랬다면), 여전히 분투 가운데 있는 이들을 위해 계속해서 기도하라는 요청조차 받지 않을 것입니다. 여러분은 그야말로 역사와 관련이 없게 된 것입니다.

이 비전의 실제적 결과는 당연하게도 종교의 사사화(privatization)입니다. 교회들은 초대 교회가 거부했던 바로 그 상태가 되고 맙니다. 다른 세상에서 자신들의 궁극적 복을 바라는 회원들의 영성 개발을 위한 특권 사회가 되는 것입니다. 교회는 더 이상 하나님의 교회(*ecclesia Theou*)가 아니라 '디아소이'(*thiasoi*)와 '헤라노이'(*heranoi*), 즉 모든 종류의 사람들에게 소비자 만족을 제공하는 종교 동호회들로서, 당연히 "마음에 드는 교회에 가입하라"고 권할 뿐입니다.

두 세기가 지난 오늘날, 공적 역사에 대한 비전은 거의 완전히 사라졌습니다. 우리는 이제 '진보'를 믿지 않습니다. 우리는 18세기 철학자들이 천상의 도시에 대해 쓴 글을 슬픈 마음으로 읽습니다. 그리고 사사화된 종교가 제공하는 '구원'은 성경적 모델보다는 힌두교의 것에 훨씬 더 가깝기 때문에, 많은 젊은이가 동양으로 가면 더 나은 것을 발견하리라고 믿게 되는 것은 당연합니다.

만일 교회들이 오랫동안 (그리고 상당히 편안하게) 사적 영역에 있으면서 길들여진 상태를 벗어나 복음을 위해 공적 영역을 되찾으면서도 '콘스탄티누스 함정'에 빠지지 않으려면, 세상에서 이루어지는 우리의 순종 전체를 다스릴 성경의 종말론적 비전으로 되돌아가야 합니다. 신약성경에서 보통 '묵시적'이라고 불리는 부분들은 사사화된 교회들에게 당연히 이상하고 낯설게 보였겠지만, 우리에게는 본질적 문제들을 보게 합니다. 그것들은 세속적 진보의 교리를 위한 어떤 근거도 제공하지 않습니다. 우리가 하는 노력의 결과로 지상에 정의와 평화가 확립되기를 바라도록 부추기지도 않습니다. 오히려 그것들은 점점 더 끔찍해지는 갈등을 보게 합니다. 하지만 그것을 넘어, 하나님의 선물로서의 정의와 평화를 약속합니다. 그리고 그렇게 해서 끝까지 신실할 수 있도록 인내와 끈기를 가질 것을 당부합니다. 사실 그런 내용들은 그리스도인들이 예수의 삶과 죽음과 부활에서 배운 패턴을 미래 역사의 스크린에 투영한 것입니다.

예수의 메시지는 역사의 한가운데 있는 하나님의 통치가 모든 인간이 고려해야 할 실재라는 것이었습니다. 그 메시지는 백성에게 선포되었는데, 모든 나라와 온 창조 세계에 대한 하나님의 통치에 관한 것이었습니다. 그것이 거부당했을 때, 예수는 무력으로 하나님의 통치를 확립하려 했던 열심당원들을 따르지 않았습니다. 그런 길은 마지막으로 남은 자유의 투사들이 스스로 목숨을 끊은 마사다의 비극으로 끝날 것이었습니다. 또한 그는 공적 삶에서 물러나 에세네파를 따라 사막으로 가서 하나님 나라를 기다리며 기도하지도 않았습니다. 그런 길은 쿰란의 무너진 폐허에서 끝납니다. 그가 한 일은 그 민족의 공적 삶에 도전해서, 감정이 극도로 고조된 장소와 시점에서 지극히 취약한 왕권을 전혀 타협의 여지없이 주장한 것이었습니다. 그 주장은 거부되었고 그는 파괴되었습니다. 그러나 하나님은 그를 죽은 자들로부터 일으키셨는데(이 일은 공적 역사에서 일어난 사건으로, 우리의 사사화된 종교가 자연스레 제자들의 순전히 심리적 경험으로 바꾸어 놓은 것입니다), 세상이 거부해도 그 주장이 유효하다는 표시이자 보증이었습니다.

　　기독교의 제자도는 예수가 가신 길을 그의 부활하신 생명의 능력 가운데 따르는 것입니다. 그 길은 순전히 내면의 영적 순례가 아니며, 새로운 사회 질서를 만들어 내는 현실 정치의 길도 아닙니다. 예수가 가신 길을 따라, 타협 없으며 공격받기 쉬운 주장을 하면서 세상 일과 정치의 심장부로 바로 뛰어듭니다. 정의와 평화의 세상을 추구하되, 자기 행동의 산물이 아니라 죽은 자를 일으키시고 "없는 것을 있는 것으로 부르시는"(롬 4:17) 하나님의 선물로 여깁니다. 거룩한 도시를 정책의 산물이 아니라 하나님의 선물로 추구하는 것입니다. 그러나 정치에서 벗어나 개인적 영성으로 도피하는 것은 참된 도시에 등을 돌리는 일이라는 것을 알고 있습니다. "하나님이 계획하시고 지으실" 도시를 찾지만, 그 도시로 가는 길은 예수가 가신 길로서, 반드시 우리 자신과 우리의 모든 공로가 역사의 잔해 아래로 묻혀 사라져서 보이지 않게 되는 어두운 골짜기로 내려가는 길이라는 것을 압니다. 따라서 온전히 하나님이 약속하신 도시에만 속하는 희망과 기대를 어떤 정치 강령에도 걸지 않습니다(그 강령이 복원된 '기독교 세계'의 형식으로 구상되었든, 모든 강압적 정부도 계급도 없는 사회의 형식으로 구상되었든). 좌파적으로든 우파적으로든, 콘스탄티누스를 반복할 수는 없습니다. 예수가 가신 길을 따르는 신실한 제자도와, 외적으로 그의 부활이 보증하고 내적으로 미리 맛보게 하는 성령의 선물인 희망을 따라 사는 것이 요구됩니다. 그러한 제자도는 사적 영역과 공적 영역에 동등하게 관여해서, 하나님이 예수 안에서 주신 자신에 대한 계시를 '신앙의 틀'로 삼는 삶을 이해하고 질서를 부여해서 눈으로 볼 수 있게 만들 것입니다. 보이지 않는 하나님의 왕권에 대한 눈으로 볼 수 있는 표징들을 만들어 낼 기회들을 제공할 것입니다.

C. 우리는 '정치 개입'의 위임을 받았는가

두 번째 질문에 답하려는 시도가 이미 세 번째 질문으로 이어졌습니다. 기독교는 "우선적으로 영혼과 영원의 관계에 관심을 두고 있음"이 분명하며,[4] 따라서 그리스도인은 기독교 신앙이 정치적 문제에 대한 판단을 내릴 권한을 부여한다고 가정하는 일을 삼가야 한다고 생각하는 에드워드

---

4 Edward Norman, *Christianity and World Order*, BBC Reith lectures 1978 (Oxford: Oxford University Press, 1979), p. 80.

노먼(Edward Norman) 박사 같은 많은 그리스도인에게 우리는 무슨 말을 해야 할까요? 이 표현의 출처인 라이스 강연(Reith Lectures) 시리즈는 그런 관점에 대한 인상 깊은 설명이었으며, 많은 그리스도인이 공적 쟁점들에 대해 말하고 쓰는 것이 성경과 기독교 신조들보다는 현재 인기 있는 이념들에 더 기초해 있다고 노먼 박사가 말한 것이 옳다는 점도 인정해야 합니다. 그러나 앞에 인용한 문장은 노먼 박사의 종교가 성경보다는 힌두교 경전 우파니샤드(Upanishads)에 훨씬 더 가깝다는 사실을 상기시킵니다. 그럼에도 이런 종류의 견해들은 실제로 성경과 교회에 대한 믿음을 갖고 있다고 믿는 그리스도인들 사이에 널리 퍼져 있습니다. 이에 대해 제가 이미 말한 것 외에 무엇을 더 말할 수 있을까요? 관련된 쟁점들의 복잡성을 인식하면서, 고려해야 할 사항을 다음과 같이 제안하고자 합니다.

(1) 인간을 '영혼'과 '몸'으로 나누는 것은 성경적 비전이 고전 세계를 구해 냈던 고대의 이교도적 이분법으로의 회귀입니다. 성경과 인도 사상의 주요 노선들 사이에서 이 지점에 있는 대조보다 더 눈에 띄는 것은 없습니다. 인도 종교는 엄청나게 복잡한 경험·사유·실천의 세계이지만, 매

우 일관된 주제 하나는 '공적' 세계의 상대적 비실재입니다. 이에 상응해서, 인간의 본질은 우리를 자연계와 다른 사람들의 세계와 연결하는 인간 본성의 측면들을 벗겨 냄으로써 발견될 수 있다는 믿음이 생겨났습니다. 예를 들어, 타이티리야(Taitiriya) 우파니샤드의 유명한 구절은 진짜 인간을 발견하기 위해서는 물질적인 것("음식"), 생체적인 것("호흡"), 지성적인 것("마음"), 영적인 것("이해력")의 이면으로 가야 한다고 가르칩니다.[5] 진짜 인간인 궁극적 자아는 이 모든 것 이면에 숨겨져 있습니다. 이것이, 노먼 박사의 세계관에서 그런 것처럼, 영원과 직접적으로 연관된 '영혼'입니다. 성경에서는 이 모든 우연적 요소들 이면에서 진짜 인간을 찾으려는 시도를 전혀 발견할 수 없습니다. 반대로, 인간의 인격은 처음부터 남성과 여성의 상호성 측면에서, 가족 구성원들의 상호 책임성 측면에서, 그리고 가족과 국가의 상호 책임성 측면에서 정의됩니다. 인간의 내면적 양상과 외면적 양상 사이에 이분법은 없습니다. '영혼'과 '몸'의 이분법은 성경적 세계관에 생소합니다. 그리고 이것은 보통의 건강한 인간 경험에 상응하는데, 왜냐하면 우리는

---

5   *Taittiriya Upanishad*, II 1-5.

자연 안에서 그리고 자연의 생명에 의지해서 다른 인간들과 공통의 삶을 공유함으로써만 인간이 되기 때문입니다. 물론 우리는 자신을 내면으로부터 보지만, 다른 이들은 우리를, 우리는 다른 이들을 외부에서 보는 것이 사실입니다. 그러나 인간 본성을 보는 보완적인 두 방식은 인간을 분리된 두 실재로 나누는 것과 다릅니다.

예수 안에서 드러난 하나님의 왕권은 공적 측면과 마찬가지로 사적 측면도 모두 포함하는 인간 삶 전체에 영향을 끼칩니다. 제자가 주께 드려야 할 순종에서 인간 삶의 공적 측면을 철회할 근거는 성경에 없습니다. 따라서 질문은 "공적 삶에 대한 그리스도인의 관여를 위해 제시할 수 있는 근거들이 무엇인가?"가 아닙니다. 던져야 할 질문은 "우리 인간 삶의 공적 측면을 그리스도의 통치에서 제외하자는 제안에 대해 근거로 제시할 수 있는 것들이 무엇인가?"입니다. 답은 "아무것도 없다"입니다.

(2) 그러나 문제는 앞의 표현이 제시하는 것보다 더 심각합니다. 실제로 우리가 그리스도의 통치에 복종시키지 않는 인간 삶의 영역들에서, 우리는 스스로 결정을 내릴 자유를 누리지 못합니다. 다만 다른 권세 아래 놓입니다. 우

리는 바울의 용어로 "통치자들과 권세들"(엡 6:12), "세상의 초등학문"(갈 4:3)에 대해 노예가 됩니다. 바울은 그리스도에 대한 순종이 모세의 율법에 복종하는 것이지 그것을 넘어서는 것이 아니라고 생각한 그리스도인들에게 말하면서 이 용어를 사용했습니다. 이에 반대해서 바울은 율법이 하나님의 선한 선물이지만, 만일 그것이 그리스도께 자리를 내주지 않으면 속박하는 권세가 된다고 주장합니다. 바울은 여러 서신에서 이 "통치자들과 권세들"에 대해 많은 말을 합니다. 그들은 "이 세상의 통치자들"로서 그리스도의 왕권을 인정하지 않았고, 그를 파괴하려 했으나, 자신들의 절대 권력을 몰수당했습니다. 그들은 파괴당한 것이 아니라 '무력화'되었습니다(고전 2:8; 골 2:15). 그들은 그리스도 안에서 그를 위해 창조되었으며(골 1:16), 선한 목적이 있습니다(롬 13:1). 그들은 그리스도의 길을 예비합니다(갈 3:24; 롬 8:20-21). 그러나 그들이 그리스도의 절대 주권을 인정하지 못하고 스스로 절대 주권을 주장할 때, 악한 자의 도구가 됩니다. 하나님의 선물인 율법이 그렇게 속박의 멍에가 됩니다. 정의를 수호하라고 하나님이 주신 제국의 권력이 그렇게 악마적 사악함의 화신이 되었습니다(참조. 롬 13장과 계 13장).[6]

우리는 바울이 묘사한 끔찍한 사례를 우리 문화의 역사에서 보았습니다. 근대 세계가 태동할 무렵 경제학은 더 이상 윤리학의 일부가 아니라 분석과 귀납을 통해 발견할 수 있는 내재적 법칙의 지배를 받는 자율적 학문으로 여겨졌고, 이 새로운 신앙은 개인적 자기 추구의 총합이 일반 복지를 이루는 것을 보장할 수 있다는 '보이지 않는 손'의 신화로 구현되었습니다. 그때 "어두운 사탄의 맷돌들"(dark Satanic mills)의 끔찍한 잔인함을 살펴보던 선량한 그리스도인들은 '경제 법칙'의 작동에 개입하는 것이 불가능했다고, 그리스도의 왕권의 명령이 자율적 경제학의 왕국에서 실행되지 못했다고, 할 수 있는 최선은 피해자들에게 자선을 베푸는 것이라고 믿었습니다. 블레이크(Blake)가 여기서 "사탄의"라는 단어를 사용한 것은 성경의 가르침을 올바르게 해석한 것이었습니다. 그리스도의 왕권에서 벗어난 인간 삶의 영역은 우리의 주권 아래 있지 않습니다. 다른 통치를 받게 되는 것입니다.

더욱 가까운 예를 오늘날 남아프리카 공화국에서 찾아

---

6 이 주제에 대한 고전적 논의를 다음에서 보라. Hendrikus Berkhof, *Christ and the Powers* (Scottdale, PA: Herald Press, 1962). 『그리스도와 권세들』(대장간).

볼 수 있습니다. 아파르트헤이트(apartheid, 인종 분리 정책)는 부분적으로는 아프리카 민족들의 문화적 가치를 소중히 여기고 그것을 유럽 문화의 틀에 강제로 끼워 맞추는 것을 피하려고 했던 선교사들의 가르침에서 유래했습니다. 그들은 우리에게 인간의 정체성을 그토록 많이 부여하는 가족·언어·문화의 유대감들에 담긴 하나님의 선한 선물을 인정한 것입니다. 하지만 인종이 절대화되고, 그리스도의 구원 사역이 그 안에서 그리고 그 아래서 받아들여질 창조 세계의 불변하는 일부로 취급될 때, 선한 것이 사탄적 악의 도구가 되었습니다.

그리스도인이 결정해야 할 것은 그리스도인으로서 공적 사안들에 관여할 것인가 말 것인가에 있지 않습니다. 공적 영역에서 우리의 책임을 그리스도의 왕권 아래서 이행할 것인가, 아니면 악한 자의 지배 아래서 이행할 것인가를 결정해야 합니다.

(3) 그렇다면 '공적 사안들에 대한 그리스도인의 관여'는 무엇을 뜻합니까? 여기서 매우 다양한 어려운 질문들이 등장합니다.

(a) 개별 그리스도인의 활동들은 사제단이나 교단 총회

같은 공식적 대표들을 통해 움직이는 조직체인 교회의 행위 및 선언과 구별되어야 합니다. 이 구별의 명확성은 교회가 공식적 결정들을 내리는 데 평신도 전체가 중요한 역할을 할 수 있도록 조직된 정도에 따라 달라집니다. 결국 공적 사안들에 대한 교회의 증언은 공식적 말과 행위보다 그 구성원들의 일상적 행동에 더 많이 달려 있습니다. 하나의 단체 자격으로 공식적으로 행동하는 교회는 공적 사안들에 대해 말할지 말지 결정할 수 있을지 몰라도, 교회가 이러한 사안들에 결부되는 것은 교인들이 시민·근로자·고용주·작가·구매자·판매자이기 때문입니다. 즉 말과 행동으로 계속해서 이런저런 방향으로 공적 삶을 구체화하는 사회 구성원들입니다. 이것으로부터 물러날 방도는 없습니다. 그들에게 질문은 그들의 판단들이, 그러므로 공적 영역에서의 말과 행동이 사회를 지배하는 가정에 의해 지배를 받는지, 아니면 그들의 기독교적 순종에 의해 지배를 받는지 여부입니다. 하나의 단체로 행동하는 교회는 공적 문제들에 대한 공식적 선언을 중대한 윤리적 사안들이 걸려 있는 제한된 범위의 사건에 국한시키는 것이 현명할 것입니다. 그러나 교회는 교인들이 이러한 문제에 대한 판단을 신앙에 비추어 형성하도록 지속적으로 도움을 줘야 합니다. 교회에서 가르치고 목회적 리더십을 담당하는 이들이 이런 노력을 기울이지 않는다면 의무를 다하지 않는 것입니다.

(b) 일반적으로 동의하는 바는, 그리스도인이 어떤 특정한 정치 강령을 그리스도 안에서 계시된 하나님의 뜻에 대한 순종과 완전히 동일시할 수 없다는 것입니다. 정치에 절대적인 것들을 개입시키는 것은 항상 재앙입니다. 인간의 죄악됨에 대한 건전한 교리는 우리가 최후의 사건들에나 합당한 희망을 특정한 정치 강령에 부여하지 못하게 할 것입니다. 그러나 모든 인간 판단의 오류 가능성에 대한 이러한 적절한 인식에서 철저한 상대주의로, 즉 모든 고양이가 회색이라는 식의 정치적 황혼으로 이동하는 것은 잘못입니다. 예를 들어, 기독교적 관점에서 줄리어스 니에레레(Julius Nyerere, 탄자니아의 독립운동가)의 탄자니아와 프랑코(Franco, 스페인의 독재자)의 스페인 사이에서 선택할 것은 전혀 없다는 식으로 말입니다.[7] 라인홀드 니부어(Reinhold Niebuhr)가 준 가장 큰 선물 가운데 하나는 정치에 기독교적 절대주의를 도입하는 것은 재앙적 결과를 가져온다는 사실을 밝

---

7   Norman, 앞의 책, p. 81.

힘과 동시에, 상대적으로 많고 적은 정의와 자유를 분별하고 상대적으로 더 나은 것을 위한 행동에 헌신해야 할 그리스도인의 절대적 의무를 밝혀 줄 수 있었다는 점입니다.

ⓒ 정치의 상대성으로 인해 그리스도인들 사이에도 다른 의견, 다른 판단, 다른 헌신이 항상 있을 것입니다. 그러나 이에 대해 두 가지를 말해야 합니다.

① 차이들에 대한 지속적이고 활발한 논의가 이루어져야 합니다. 그것들은 옳음과 그름, 순종과 불순종의 문제와 관련이 있습니다. 단지 다를 뿐이라고 수긍하며 지나가도 될 취향의 문제가 아닙니다. 우리가 그리스도 안에서 서로를 은혜로 구원받은 동료 죄인들로 받아들일지라도, 공적 영역에서 그리스도께 순종하는 데 필요하다고 믿는 바에 대해 서로를 설득하려고 노력할 의무도 있습니다. 공적 의무에 대한 상호 설득과 교정의 지속적 노력은 계속되는 교회의 삶의 필연적 부분입니다.

② 그러나 선택할 수 있는 분야가 무제한은 아닙니다. 공적 삶에 있는 분야에는 이단적이며 기독교 제자도에 배치되는 것으로 교회 전체가 판단해야 할 선택지들이 있을 수 있습니다. 공인된 독일 교회가 나치의 인종 정책을 묵인

한 것이나, 백인들의 네덜란드 개혁교회가 현재 남아공 정부의 인종 정책을 지지한 것은 기독교 제자도에 부합한다고 교회가 인정할 수 없는 사례로 널리 알려져 왔습니다. 다른 것들도 있을 수 있습니다. 예를 들어, 국제 경제 질서는 세계를 해가 갈수록 더욱 부유해질 것으로 기대되는 부유한 지역과 더 깊이 빈곤에 빠져들 가난한 지역으로 지속적이고 확고하게 나누는데, 이는 그리스도 안에서 계시된 하나님의 뜻에 명백히 반대됩니다. 국가들의 경제적 삶을 규정할 여러 방안에 대해서는 정당한 의견 차이들이 있을 수 있지만, 기독교의 대의가 기존의 자본주의 체제를 단호히 수호하는 것과 동일시될 때, 만일 필요하다면 핵무기를 사용해서라도 그렇게 한다면, 허용할 수 있는 다양성의 한계에 관한 질문인지 배교의 문제인지 반드시 따져 물어야 합니다.

(4) 성경에 대한 비평적 연구가 주로 계몽주의의 '신앙의 틀' 안에서 행해진 지 두 세기가 지난 지금, 성경 신학의 현재 입장에서 대두되는 매우 다른 어려움들이 있습니다. 우리가 살펴본 것처럼 이 접근 방식에 일어난 근본적 일은 이제 더 이상 계시를 출발점으로 삼은 '설명'이 중요한 것이

아니라, 관찰 가능한 사실들에 대한 관찰과 분석을 기반으로 한 사실들의 '법칙', 즉 사실들의 필연적 관계를 발견하는 '설명'이 중요하게 되었다는 것입니다. 이 '틀'은 성경 본문을 고대의 다른 문헌들에 있는 모든 텍스트와 동일한 기준으로 검토할 것을 요구했습니다. 이 기준에 따라 수행된 여러 세대 학자들의 노력이 보여 준 사실은, 우리가 가지고 있는 성경이 천 년 이상에 걸쳐 서아시아의 다양한 문화로부터 나와 그 문화들에 의존하는 전통적 구전 및 기록 자료를 수집하고 편집하고 다시 쓰는 매우 긴 과정의 최종 결과물이라는 점입니다.

    그 결과로 현대 서구 문화에 속한 사람은 성경을 권위 있는 행동 지침으로 대하기가 아주 어려워졌는데, 사적 영역에서든 공적 영역에서든 마찬가지였습니다. 몇 가지 특징적 사안들이 여기 결부되어 있습니다. 첫째, 현대 역사 학계는 텍스트들이 원래 기록되고 대상으로 삼았던 세계가 문화적으로 멀리 떨어져 있음을 부각시켰습니다. 이로 인해 현대 독자는 그 텍스트들을 어떻게 20세기 세계에 적용할 수 있을지 알기 어려워합니다. 둘째, 학술 연구는 우리가 가지고 있는 성경이 원래 형태에서 상당히 다르고 모순되기까지 하는 믿음을 보여 주는 자료들을 결합한 결과물이라는 것을 제시했습니다. 명백한 예는 사무엘상에서 왕권에 대한 상당히 반대되는 두 평가를 나란히 제시한 것입니다. 오늘날 있는 거의 모든 윤리 문제에 대해 서로 반대되는 결정을 뒷받침하는 성경 본문들을 찾는 것도 가능합니다.

따로 떼어 낸 본문들을 근거로 성경의 주장이라고 말하는 것은 당연히 비판을 받아야 하지만, 성경의 권위에 대한 의존을 포기하지 않는 한 유일한 선택지는 정경(canon)이라는 사실이 성경이 담고 있는 다양성을 승인하며 동시에 제한한다는 점을 진지하게 받아들이는 것입니다. 이는 성경 해석이 우리에게 본문, 문학, 역사, 양식, 편집 비평을 넘어 본문이 정경 전체와 관련되는 방식을 검토할 것을 요구한다는 의미입니다. 미국에서 성서학자들이 발전시키고 있는 이 '정경 비평' 분야가 교회의 계속되는 해석 작업에 진정한 희망을 주는 것 같습니다.

그러나 성경의 권위에 호소하는 것은 '현대' 문화 논쟁의 핵심에 이르는 질문들을 불러일으킵니다. 성경은 신앙 안에서 쓰였으며, 신앙을 불러일으키려는 목적으로 쓰였습니다. 성경은 인간 삶의 기원과 의미와 목표에 관한 가장 근본적 질문들에 답변하는 것에 관심을 둡니다. 이러한 문제에 대해 중립인 척하는 종류의 학문적 탐구는 신앙을 불러 일으킨다는 본래 의도대로 텍스트를 해석할 수 없습니다. 학자는 텍스트를 검토할 뿐, 자신은 검토를 받지 않습니다. 그의 중립성은 이미 그 텍스트가 불러일으키려는 신앙에 반대되는 결정입니다.

실제로 그러한 중립성 주장은 거짓일 것입니다. 학자는 현대 학문 세계의 가정들을 가지고 본문에 다가갑니다. 어떤 질문을 제기해야 할지, 그리고 그 질문에 답하는 데 어떤 도구를 사용할지에 대한 결정은 그 세계에서 나옵니다. 19세기에는 비평적 학문의 분석 방법들이 찬란한 효과와 함께 사용되어, 오경의 자료를 가능한 한 가장 작은 단위로 분해한 후 그것들을 진화와 진보라는 현대 사상에 의해 형성된 틀에서 다시 결합시켰습니다. 이 기획은 진정한 복음 전도의 열정으로 수행되었는데, 즉 현대의 사람들이 성경 이야기를 받아들일 수 있도록 만들기 위해서는 옛 시각이 새로운 시각으로 대체되어야 한다는 것이었습니다. 그러나 중립성이란 없었다는 것을 쉽게 알 수 있습니다.

어떤 학문 활동도 이해관계와 무관하지 않습니다. 어떤 목적에 봉사하려고 하는 것입니다. 이는 다른 연구와 똑같이 성경 본문 연구에도 적용됩니다. 성경 저자들은 많은 경우에 이전 본문을 해석하고 있으며, 그들의 관심사는 그들의 해석을 자신의 관점에서 살펴보는 현대 해석자에게 분명히 드러납니다. 도심 교회를 섬기는 흑인 설교자는 억압받는 자를 해방하고 소외된 자를 화해시키는 하나님에 대한 신앙을 불러일으키려는 관심으로 본문을 해석하는 데 열중합니다. 그 해석은 이해관계가 없지 않으며, 설교자도 중립적인 척하지 않습니다. 대학 교수진들 가운데 있는 성서학자들도 마찬가지로 관심을 품은 사람들입니다. 그들은 많은 위대한 학자들이 그러하듯이 설교자의 관심을 공유할 수 있을 것입니다. 또한 그들은 학계의 인정을 확보하는 데 관심이 있을 수 있을 것인데, 그것 없이는 그들의 업적이 출판을 통해 다른 이들에게 제공되지 못합니다. 이 관심이 그들이 연구를 위해 제기하는 질문과 그것을 규명하는 데 그들이 사용하는 방법을 좌우할 것입니다. 그들은 확실하고 신뢰할 수 있는 결론을 정직하게 추구할 것이지만, 또한 그들이 아마도 아는 것은 그들의 학문적 원리가 모든 주장된 결론에 대한 비판을 끊임없이 적용할 것을 요구한다는 점과 그들의 '확실한 결과들'도 분명히 의문시되고 몇 년 안에 대체되리라는 점입니다. 그러나 동시에 학자들은 우리 문화가 정한 방식으로 성공을 측정하는 제도의 일부이며, 그들 스스로 자신의 연구를 출판하고 학문 세계의 발전에 기여함으로써 성공을 거두는 데 분명한 관심을 가지고 있습니다. 그들의 이해관계는 설교자의 이해관계와 마찬가지로 분명히 나타납니다.

하지만 어떤 이해관계가 성경을 이해하는 열쇠인가요? 여기서는 어떤 중립적 입장도 불가능합니다. 성경의 진리나 신뢰성을 '증명'함으로써 현대인에게 성경의 권위에 호소하는 것을 권할 수는 없는데, 왜냐하면 그런 증명은 성경이 이의를 제기하는 바로 그 가정들에 근거해야 하기 때문입니다. 물론 우리 문화의 관점에서 성경을 해석하는 것은 가능하고 정당한데, 이는 힌두교도나 이슬람교도, 혹은 마르크스주의자가 그들의 관점에서 성경을 해석하는 것이 가능하고 정당한 것과 마찬가지입니다. 교회는 이들 모두로부터 배울 수 있고 또 그래야 합니다. 하지만 교회는 아브라함으로부터 끊임없이 계승되어 온 공동체로서, 성경이 증언하는 믿음으로 살면서 다른 모든 주장에 맞서 진리는 이 믿음 안에서 온전히 알려진다고 계속해서 증명합니다. 그것은 궁극적 신앙의 헌신이며, 더 신뢰할 수 있다고 간주되는 다른 무엇에 대한 언급으로 입증될 수 없습니다. 교회의 성경 해석은 그러한 신앙과 순종에 대한 헌신 안에 있고, 각 세대는 고유한 방식으로 성경을 이해하려고 노력해야 하지만, 성경은 이 방식을 끊임없이 의문시합니다. 교회 입장에서 성경은 결코 그 진리에 헌신하지 않는 학자에게 그런 것처럼 '객관적으로' 연구할 수 있는 과거의 텍스트 모음일 수 없습니다. 교회는 스스로를 성경 말씀에 끊임없이 노출시키면서 질문을 받고, 가정이 도전을 받고, 이해 방식이 바뀝니다. 교회에서의 성경 이해는 이런 믿음·개방성·순종의 맥락에 있어야 합니다. 성경 연구에서 교회에 유일하게 적절한 '이해관계'는 성경을 통해 교회에 말씀하시는 분의 영광입니다.

교회는 성경을 예배와 개인적 경건에서 늘 소중히 여겨 왔지만, 공적 사안들에서 어떻게 행동할지에 대한 지침의 권위 있는 출처로서 성경에 호소하는 것에 대해서는 실제로 망설임이 있습니다. 많은 그리스도인이 종교개혁 시기에 있었던 불평의 근거였던 것과 유사한 입장에 있다고 스스로 느낍니다. 당시에 불만은 성경을 평신도의 손에서 빼앗아 성직자의 소유로 만들었다는 것이었습니다. 지금 질문해야 할 것은, 성경이 학자들 집단의 소유가 되어 평범한 평신도가 훈련된 전문가의 도움 없이는 이해할 수 없다고 느끼게 된 지경에 이르지 않았는가 하는 것입니다.

하지만 평신도들도 현대 비평적 학문의 결과들이 본질

적으로 덧없다는 것을 알고 있습니다. 비평적 방법은 자체의 성과들을 조직적으로 집어삼킵니다. 따라서 잘 교육받은 평신도들조차 자신들이 들은 내용이 이미 시대에 뒤떨어진 것이 아닐지 항상 의심하게 됩니다.

그러나 성경을 학자들의 손에서 빼앗아 평신도들에게 되돌려줄 방법은 없다는 것을 분명히 밝혀야 합니다. 200년에 걸친 비평적 연구의 결과들이 없어지기를 바랄 수는 없습니다. 그리고 평신도들도 현대 문화의 일부이며, 그들의 정신 세계를 둘로 나누어 문화에 의해 통제되는 부분과 성경에 의해 통제되는 부분으로 구분할 수 없습니다. 훨씬 더 흥미롭고 값비싼 움직임이 요청되는데, 즉 성경적 신앙과 현대 문화 사이에서 일어나는 진정한 선교적 만남입니다. 이는 우리 문화를 진지하게 받아들이되 그것이 성경을 평가하는 최종 진리가 되도록 만들지 않고, 오히려 현대 문화에 속한 우리가 그 세계를 성경의 거울에 비추어 우리의 가정들을 재검토하고 우리의 생각과 행동을 재정비할 방안을 찾도록 만드는 만남을 의미합니다. 저는 이것이 우리의 현재 과제라고 믿습니다.

교회가 자기 삶의 중심에 성경을 두기를 그친 적은 없습니다. 그렇게 하면서 교회는 우리 문화의 것과 다르며 더 오래된 '신앙의 틀'을 계속해서 증언합니다. 성경의 원리와 가정으로 우리 문화의 원리와 가정에 맞선다는 것은 무엇을 의미할까요? 철학자·신학자·성서학자가 크고 복잡한 문제들을 집중적으로 논의하는 이 분야에서 피상적 내용으로 치부될 위험을 무릅쓰면서도, 그러한 선교적 만남을 위한 다음과 같은 지침을 간략하게 제안하고자 합니다.[8]

(a) 성경은 월터 리프먼이 말한 '현대성의 산'(acids of modernity)으로부터 격리될 수 있는 방법이 없습니다. 즉 계몽주의 문화가 모든 경험을 대상으로 삼는 비평적 분석에서 제외시킬 수는 없습니다. 그리고 그렇게 되기를 바라지도 말아야 합니다. 우리는 이런 종류의 분석에 필연적으로 수반되는 한계들에 주의를 기울여야 하지만, 그런 분석이 우리 경험의 다른 부분에 대해 갖는 타당성을 받아들이는 한, 성경을 현실 세계에서 허구의 세계로 옮기지 않고는 성경에 대한 그런 접근을 거부할 수 없습니다. 기독교 신앙의 근본 사항들에 충실하고자 하는 적절한 관심에서, 성경을 기록된 내용에 대한 '과학적' 설명으로 간주하는 근본주의(fundamentalism)에 빠지기 쉽습니다. 이것 자체가 전형적

---

8 이어지는 부분과 관련해서는 Paul Ricoeur, *Essays in Biblical Interpretation*으로부터 큰 도움을 받았다.

'계몽주의' 접근 방식으로, 즉 자율적 이성이 과거의 '객관적' 사실들을 다룬다는 것입니다. 예를 들어, 창세기의 창조 이야기는 다윈의 『종의 기원』과 같은 순서로 진술하는 것으로 간주됩니다. 그리고 둘 중 하나를 선택해야 할 경우에는, 성경을 계몽주의가 제공한 안경을 통해 읽습니다. 이런 종류의 '근본주의'는 현대 문화의 산물이며, 그것을 따르는 이들은 흔히 현대 세계에서 전혀 불편함을 느끼지 않고 현대 세계가 제공하는 조건으로 번영합니다. 이는 '현대성의 산'에 노출된 적이 없어서 성경을 아주 자연스럽게 자기 세계의 일부로 읽는 이들이 갖는 비판 이전(pre-critical)의 태도와는 매우 다른 것입니다.

(b) 성경은 다른 모든 텍스트와 마찬가지로 스스로 말할 수 있어야 합니다. 성경이 성경 고유의 범주가 아닌 다른 범주들에서 말하도록 강요해서는 안 됩니다. 성경이 일련의 교리적 진술로 축소될 때 이런 일이 일어납니다. 실제로 성경에 주의를 기울이면, 우리는 엄청나게 다양한 목소리가 다양한 언어 형식을 사용하는 것을 듣습니다. 예언서에는 특정한 시기에 구체적 상황에서 신적 약속과 경고의 말을 전하는 인간의 목소리가 있습니다. 서사에서는 대개

익명의 목소리가 하나님이 행하셔서 자신의 의도를 알리신 사건들을 말합니다. '토라'(*Torah*)의 교훈에서 하나님은 구원받은 백성이 그분의 의도를 점점 더 인격적이고 내면적으로 파악하도록 이끄십니다. 지혜 문헌에는 올바른 행동이 사물의 궁극적 구성과 어떻게 연관되는지를 모든 인간에게 가르치는 교훈이 있습니다. 그리고 시편과 찬송에서 우리는 구원받은 공동체가 하나님께 드리는 찬양과 감사와 간구의 목소리를 듣는데, 그분은 예언의 저자이시며 역사의 행위자이시고, 교훈과 지혜의 근원이십니다. 이러한 다양한 목소리는 각기 고유한 방식으로 말하며, 따라서 그것들이 말하는 그대로 들어야 합니다. 그것들은 자연과 그 법칙에 대한 연구를 통해 얻을 수 있는 류의 지식에 맞서기 위한, '계시된 진리'로 고정시킬 수 있는 일련의 명제로 합성시키면 절대로 안 됩니다.

(c) 그렇다면 어떤 방식으로 성경은 계시의 전달자 역할을 할까요? 저는 성경의 다양성을 강조했는데, 현대 학문이 각 요소 안에 다양한 흐름이 얽혀 있는 대단히 복잡한 연결망을 밝혀 주었다는 것은 말할 필요도 없습니다. 이를 통해 성경 자료들의 다양한 출처와 사회적·문화적·종

교적·정치적·경제적 관심사들이 드러났습니다. 그러나 성경은 '정경의 형태'로 우리에게 오며, 여러 세기에 걸친 해석과 재해석, 편집과 재편집의 결과로서, 특정한 분별 가능한 중심들에 의존하는 통일성이 있습니다. 그 중심들은 우연적 역사의 세계에서 일어나는 사건들로서, 독특한 의미에서 하나님의 존재와 행동을 드러낸다고 해석되는 것들입니다. 본질적으로 중요한 두 중심은 이스라엘을 이집트에서 구출한 것과, 인간 나사렛 예수와 관련된 사건들입니다. 전자는 구약성경의 다층적이고 다양한 자료에 대한 해석적 중심을 제공하고, 후자는 신약성경의 (마찬가지로) 매우 다양한 자료에 대한 중심을 제공합니다. 그리고 후자는 이전의 중심을 자기 무대로 끌어들여서, 예수와 관련된 사건들을 출애굽과 관련된 사건들의 궁극적 해석으로 그려 냅니다.

처음부터 이 사건들은 해석된 사건들입니다(실제로 '역사의 사실들'이 모두 그렇듯이). 그것들은 우연적 역사의 사건들 속의 신적 행동들로, 절대자의 현존으로 해석됩니다. 그러나 그 해석은 다른 세대와 다른 문화 측면에서 계속해서 재해석되어야 합니다. 우리는 이 과정이 성경 자료의 모든 층위에서 일어나고 있는 것을 봅니다. 본래의 해석적 언어는 텍스트가 되어 다시 해석을 요청하고, 이렇게 시간의 끝까지 계속됩니다. 텍스트를 반복하는 것만으로는 결코 충분하지 않습니다.

그러나 텍스트는 제거될 수 없습니다. 사건들은 기저에 있으면서 별도로 파악될 수 있는 실재의 상징들에 불과하지 않습니다. 만일 그랬다면 우리는 정신적 개념들을 궁극적인 것으로, 역사적 일들을 예시적인 것으로 취급하는 셈입니다. 다시 사건들은 그것들과 별도로 공식화할 수 있는 일반적 규칙의 예들에 불과하지 않습니다. 사건들을 명제적 진술로 구체화할 수 있는 무시간적 진리의 상징이나 사례로 해석하려는 모든 시도는 성경에서 증언(testimony)으로 제시된 것의 본질적 성격에 반대됩니다.

(d) 증언 또는 증명(witness)은 자명하거나 자명한 전제들로부터 입증될 수 있는 사실의 진술과는 다른 종류의 발언입니다. 논리적으로 피할 수 없는 '추론의 진리'(truth of reason)가 아닙니다. 증인(witness)은 진실이 중요한 재판의 일부로서 자신의 진술을 하는데, 여기서는 "진실이 무엇인가?"라는 질문을 놓고 논쟁이 벌어집니다. 재판이 진행되는 동안 진실은 이미 모두가 아는 것이라고 상정되지 않습니다. 성경 전체에서 출애굽과 속죄의 위대한 사건들에 대

한 진술은 증언의 성격을 가지고 있습니다. 그런 것들은 논쟁의 맥락에서 이루어집니다. 증인은 반박될 수 있는 진술에 자신의 존재와 목숨을 겁니다. 물론 그것은 분리할 수 없는 통일성 가운데 이루어진 사실과 의미에 대한 진술이며, 그것을 부인하는 권세들인 '우상들', "이 세상의 통치자"에 맞서서 제시되었습니다. 진술에 대한 최종 입증(proof)은 재판이 끝나고 판사가 판결을 내릴 때까지 접할 수 없습니다. 다른 종류의 '입증'을 요구하는 것은 진행되고 있는 일이 무엇인지 이해하지 못했음을 보여 주는 것입니다.

(e) 무엇이 증언의 내용인가요? 본질적으로 그것은 살아 계신 하나님에 대한 증언으로, 그분의 임재와 행동의 자취들이 상세히 회자되는 사건들 속에서 인정되었습니다. 그것들은 '자취들'입니다. 하나님은 우리의 어떤 진술이나 환상에 담길 수 없습니다. "당신의 이름이 무엇입니까?"라는 질문에 대한 답은 "나는 내가 되고자 하는 대로 되는 자니라"(I will be who I will be, 출 3:14)입니다. "나는 나다"(I am what I am)가 아닌데, 출애굽 이야기의 헬라어 번역에 근거한 이 번역은 성경의 살아 계신 하나님을 너무나 쉽게 '절대자' 또는 '초월적 존재'로 둔갑시킬 수 있습니다. 이런 개

념은 정신이 사유 자체의 과정들로부터 만들어 낼 수 있는 것에 불과합니다. 우리의 관심은 사유하는 지적 기능의 일부가 아니라 진정한 만남, 타자와의 만남입니다. 살아 계신 하나님은 우리보다 앞서 행하시지만 또한 우리를 만나러 오시고, 많은 증인이 하나님이 그들에게 따라오라고 부르신 사실을 증언할 수 있습니다. 우리는 우리 자신의 사유 과정들로부터 생각해 낼 수 있는 개념들 가운데 한 개념에 대해 말하고 있는 것이 아닙니다. 우리는 역사를 이루는 사건들 속에서 우리를 만나시고 부르시는 분에 대해 말하고 있습니다. 그 사건들은 우리가 지금은 얼굴을 마주하고 보지 못하는 분, 그러나 약속이기도 한 임재로 우리에 앞서 행하시는 분의 약속을 신뢰하도록 초청합니다.

이 패턴은 신약성경에서 확증됩니다. 살아 계신 하나님이 사람이신 예수 안에 계셨지만, 그 진리를 온전히 이해하는 일은 심지어 그분의 가장 가까운 제자들에게도 그때 그곳에서는 허락되지 않았습니다. 그들이 예수를 따라 십자가의 길을 걸으며 그분의 증언을 전달하는 자들이 될 때, 살아 계신 하나님의 영에 의해 그들에게 알려질 것입니다.

(f) 이 증언은 늘 그렇듯이 그것을 다투는 재판이 한창

인 지금 이루어져야 합니다. 우리가 속한 문화는 무엇보다도 이성의 자율성을 소중히 여겨 왔습니다. 이 문화가 보기에 성경의 증언은 두 가지 면에서 거슬립니다.

① 우리 문화는 절대자가 역사의 우발적 일들을 통해 알려져야 한다는 생각을 껄끄럽게 여깁니다. "역사의 우연적 진실들은 필연적 추론의 진리들을 결코 증명할 수 없다"[레싱(Lessing)]는 것이 거의 공리처럼 되었습니다. 우리 문화의 지배적 가정에 따르면, 인간 이성은 그 자율성 가운데 진실에 직접 접근할 수 있습니다. 역사의 우연적 일들이 이 진실을 보여 줄 수 있을지라도 결코 증명할 수는 없습니다. "하나님이 그리스도 안에 계셨다"고 말하거나 예수의 말로 여겨지는 "나는 길이요"를 되뇌는 것은 이런 가정들에 도전하는 것입니다. 그것은 인간 이성이 궁극적 진실을 접하기 위해 역사의 모든 우연적 사건 가운데서 하나의 특정한 사건에 의존하게 만드는 것입니다. 초월자가 시간, 장소, 인종, 문화, 언어 등 온갖 특수성이 있는 일련의 특정한 사건을 살펴봄으로써만 참으로 알려질 수 있다고 말하는 것은 우리 문화가 소중히 여기는 자율적 이성의 주권에 직접적 도전을 제기하는 것입니다.

② 이 도전이 두 배로 거슬리는 이유는 탐구와 양심의

자유를 위협하는 외세의 침략으로 보이기 때문입니다. 우리가 함께 고백해야 할 것은, 그리스도인들이 신적 계시를 교회의 권위에 의해 보장되는 일련의 교리 진술 안에 온전히 요약할 수 있는 '진리들'의 집합으로 잘못 제시함으로써 문제를 악화시켰다는 점입니다. 부분적으로 계몽주의는 계시의 이름으로 잘못 주장되는 권위에 대한 정당하며 적절한 반항이었습니다. 계몽주의자들과 현대 과학의 선구자들이 양심의 자유와 탐구의 자유를 위해 벌인 싸움에서 그리스도인들은 종종 잘못된 편에 섰습니다. 이를 인정해야 합니다. 그러나 이런 인정을 한 뒤에도, 이전의 잘못이 우리가 해야 할 증언을 하지 못하도록 막게 해서는 안 됩니다. 우리 문화는 환상에 기반을 두고 있습니다. 인간의 이성과 양심은 자율적이지 않습니다. 인간의 정신은 그것이 지각하는 세상에 대해 주권적이지 못합니다. 세상을 이해하고 관리하는 방식은 현대 과학이 눈부신 성공을 거두며 추구해 온 것으로, 이해와 관리의 유일한 방식이 아니며 그 자체로는 죽음으로 이끌 뿐입니다. 아름다움의 호소, 자연과의 깊은 친밀감, 그리고 무엇보다도 사랑의 매력에 우리의 마음과 상상력을 기꺼이 열려고 할 때만 접할 수 있게 되는 광대한 경험의 영역이 있습니다. 그러한 경험이 실재의 경험인데, 이는 우리가 우리의 의지를 자신을 초월하는 실재에 자발적으로 굴복시킬 때만 접할 수 있습니다. 우리는 창조된 모든 것의 일부이기 때문에, 그 매력은 창조된 것들과 우연적 사건들을 통해서만 우리에게 다가올 수 있습니다. 그리고 그것은 우리에게 오로지 의미로, 해석된 사건으로 다가올 수 있습니다. 이런 의미에서 우리의 이성과 양심은 결코 피할 수 없는 이해의 책임을 가지고 있지만, 그 책임을 자율성으로 해석하는 것은 자기 생각에 파묻힌 인간 자아가 가진 비극의 일부입니다. 그렇게 되면 자아는 자율성의 환상 속에서, 특정 사건들을 통해 제시되는 계시의 요구를 위협과 침략으로 인식합니다. 하지만 교회가 증언해야 할 계시는 인간 정신의 자유를 위협하는 외부의 침략이 아니라, 인간 정신을 자유롭게 할 수 있는 유일한 길인 사랑의 호소입니다.

(g) 그러나 그것은 여전히 증언이지, 강압적 증거가 아닙니다. 그리고 (다시 말하지만) 맥락은 증인이 끝에 이르러서 비로소 증명될 진실에 자신의 삶을 걸어야 하는 재판입니다. 만일 교회가 특별한 사건들과 이 사건들에 대한 원초적 증언인 성경에 계시된 살아 계신 하나님에 대한 증언에

서 대담하다면, 필연적으로 현대 문화와 충돌하게 마련입니다. 그런 증언은 우리 문화를 움직이는 '신앙의 틀' 전체에 도전해야 합니다. 근본적 회심을 분명히 요구해야 하는데, 즉 사물을 다르게 볼 수 있게 하는 마음의 회심이며, 만사를 달리 행할 수 있게 하는 의지의 회심입니다. 사물의 실상에 대한 성경적 관점을 우리 문화의 가정들에 맞추려고 노력함으로써 성경적 관점이 호감을 받게 하려는 헛된 시도를 전적으로 거부해야 합니다.

(h) 그러나 교회는 성경의 말들을 단순히 반복하는 것으로는 이런 증언을 할 수 없습니다. 성경 자체가 그런 것처럼, 그리고 이후의 모든 시대와 문화에서 그런 것처럼, 지금 이 시대와 문화에서 텍스트를 우리 문화의 언어와 사고방식으로 해석하는 노력을 기울여야 합니다. 이것은 항상 위험한 작업인데, 본래의 증언이 해석 과정에서 사라질 수 있기 때문입니다. 예수의 모습이 어떻게 다양한 문화에서 그 문화에 고유한 이상형의 이미지로 표현되어 왔는지를 보여 주는 일은 쉽습니다. 여러 세기에 걸쳐 그려진 예수의 초상화들로 채워진 미술관은 예수보다는 화가들의 정신에 대해 더 많이 알려 줍니다. 성경이 말하는 일회성 사

건에서 주어진 계시를, 어떻게 하면 진정한 만남이 일어나는 방식으로 문화의 언어로 진정성 있게 번역할 수 있을까요? 그 질문에 대한 답은 증언을 위해 기꺼이 고난을 받고자 하는 교회에 약속된 성령의 사역과 관련해서만 주어질 수 있습니다(예를 들어, 막 13:11). 성령은 교회의 증언을 가능하게 하는 증인입니다(요 15:18-27). 성령은 문화의 근본적 공리를 재판에 회부하는 검사입니다(요 16:7-11). 성령의 임재는 교회 전체에 약속되었으며, 여기에 담긴 함의는 우리가 다른 문화에 속한 이들과 함께할 때 비로소 효과적으로 증언할 수 있다는 것입니다.

(i) 교회에 성령을 주신다는 약속은 복음서들에서 갈등에 대한 경고와 연결되어 있습니다. 맥락은 진리의 성패가 달려 있는 재판입니다. 약속은 시련 가운데서 신실한 교회에 주어졌습니다. 우리 문화와의 선교적 만남은 단지 말로만 될 일이 아닙니다. 갈등과 고난을 가져오는 행동을 수반할 것입니다. 달리 생각하는 것은 비현실적입니다. '신앙의 틀'은 교회가 우리 문화를 만들고 통제해 온 틀 대신에 제공해야 할 것으로, (우리가 보았듯이) 그 중심과 근원은 믿음과 사랑과 순종으로만 응답할 수 있는 사랑의 호소에 있습

니다. 그것은 단순히 '사물의 실상'을 새로운 빛에 비추어 보는 문제가 아닙니다. 이 빛에 비추어 무엇을 해야 하는지를 보는 문제이기도 합니다. 증언을 받아들이는 것에서 생기는 '이해'는 보는 방식일 뿐만 아니라, 행동하고 소망하는 방식이기도 합니다. 믿음·소망·사랑으로 구성되는 종류의 지식입니다. 믿음은 마지막에 진실이 증명될 증언에 모든 것을 겁니다. 소망은 그 끝을 향해 확신을 가지고 항상 전진합니다. 사랑은 그리스도 안에 있는 하나님의 사역에 의해 자아의 속박에서 해방된 생명이 넘쳐흐르는 것이며, 이 사랑은 하나님의 사역이 그 중심을 둔 십자가의 진정한 표징을 지닌 행동으로 이끕니다.

5장 탐구로의 초대

이 책의 주장은 거의 모든 점에서 비판적 질문에 열려 있습니다. 저는 다양한 분야의 더 유능한 지성인들에 의해 검증되어야 할 확신을 표현하려 노력하고 있습니다. 혹시 불충분하게 진술했을지라도, 저는 이 주요 논제가 참이라고 믿기에 그러한 질문과 검증을 이끌어 내려는 의도에서 썼습니다. 만일 제가 쓴 것이 사실이라면, 교회들은 새로운 결단이 필요합니다. 우리 사회의 문제에 대한 '기독교적 해결책'을 제안하는 것만으로는 충분하지 않을 것인데, 왜냐하면 이 '문제'를 인식하는 전체 틀에 의문을 제기해야 하기 때문입니다. 『영국의 오늘과 내일』(*Britain Today and Tomorrow*)에 기록된 것과 같은 영국 교회들의 최근 노력은 그 제안들이 성경과 기독교 전통에 대한 해석보다는 동시대의 자유주의적 의견에 더 의존한다는 이유로 비판을 받아 왔습니다. 더 급진적 움직임이 필요한 것 같습니다. 우리 문화가 '자명한' 것으로 여기는 가정들에 의문을 제기하는 것을 포함하는 움직임 말입니다. 교회가 사람들의 열망과 희망에 대한 대답으로 메시지와 유대감을 제공해야 하는 것은 당연합니다. 하지만 그런 제공이 가능한지, 실제로 오늘날 사람들의 기대가 실현할 수 없는 것은 아닌지 물어야 합니다. 현대 세계의 두드러진 특징이었던 '기대의 혁명'(revolution of expectations)은 환상에 기반을 두고 있어 실망으로 끝날 운명이 아닌지 반드시 질문해야 합니다.

성경에서 도출해서 현대 사회에 적용하는 단일한 원칙 체계는 분명히 없습니다. 그렇게 생각하는 것은 계시에 대한 옛 오해를 되풀이하는 것입니다. 동시대 사회의 한가운데서 성경이 말하고 해석하는 구속 사건들을 통해 알려진 살아 계신 하나님의 행동에 대한 증인이 되는 것이 중요합니다. 하나님의 행동이 지금 가능하게 하는 기대와 소망 가운데서 사는 것이 중요합니다. 복잡하고 변화하는 상황에서 정확히 무엇을 해야 할지에 대해 모든 그리스도인이 동의할 것을 우리가 기대할 수는 없습니다. 그러나 우리 문화의 가정들에 대한 단호한 도전이 필요한 영역들은 밝힐 수 있습니다. 저는 예시로 다섯 영역을 제안하고자 하는데, 이 영역들에서 유능한 이들이 탐구를 통해 상황을 어떻게 이해하고 또 무엇을 말하고 실행해야 할지 결정하는 것으로 이어지기를 바랍니다.

(a) 첫째 영역은 인간으로 존재한다는 것이 무엇을 의미하는지 이해하는 것입니다. 계몽주의는 인간의 인격을 지식과 판단의 자율적 중심으로 보았으며, 따라서 어떤 종류의 타율성도 거부해야 할 것이었습니다. 이 견해의 함의는 각 사람이 자신의 잠재력을 최대한 발전시킬 권리가 있으며, 다른 사람들의 동등한 권리에 의해서만 제한된다는 것입니다. 따라서 지배하는 원리는 평등의 원리일 것인데, 모든 사람이 동등한 권리를 가지기 때문입니다. 이상적으로 말하자면, 평등은 각자가 개인의 발전에 필요한 모든 것을 가지리라는 것이고, 각자가 그 필요가 무엇인지에 대한 재판관이 되리라는 것입니다. 이 견해에서 한 사람이 다른 사람에게 의존하는 것은 인간의 존엄성과 양립할 수 없습니다.

성경적 인간관은 모든 점에서 다릅니다. 이 관점에서는 관계성 없이는 참된 인간성이 없는데, 이는 상호 의존이 참된 인간성에 내재되었음을 뜻합니다. 따라서 인간 존재를 지배하는 원리는 평등이 아니라 상호성, 즉 바울이 서로에게 진 의무에 대해 줄곧 언급한 내용을 명사로 만들어 표현하자면 '서로-관계됨'(one-anotherness)입니다. 인간 속에 있는 하나님의 형상은 이런 남자와 여자로서의 상호 관계성 및 상호 의존성과 밀접히 연관되어 있습니다(창 1:27). 인간 됨은 관계성 속에만 있으며, 사람들 사이의 참된 관계는 "서로의 종이 되라"는 구절에서 표현됩니다. 이 관점에서 인간은 자신의 자율성을 서로에게 넘겨줄 때 존엄성을 찾고, '동등한 권리'를 중심에 두면 그것을 잃습니다. 그리고 전체 '틀'을 함께 붙드는 중심은 하나님으로, 그분은 서로에 대한 신실한 관계성에 의해 신적 신실함을 반영하도록 창조된 남녀와 신실함의 언약을 맺으시는 분입니다.

우리는 이 관점이 우리의 경제 체제들에 어떤 함의를 가질지 물어야 할 것입니다. "자유 세계"와 "사회주의 세계"라고 부르는 두 진영의 두 가지 주요 경제 철학은 모두, 계몽주의가 제시한 인간관을 그 기초로 삼고 있습니다. 둘 다 깊은 곤경에 처해 있습니다. 둘 다 지킬 수 없는 약속을 합니다. 성경적 인간관이 지배하는 경제 생활을 규정하는 것에 대한 완전히 다른 관점을 예시하는 것이 가능할까요? 이 방향의 주목할 만한 논문들이 있었습니다. 이것이 무엇을 함의하는지 설명하기 위해 더 많은 노력을 기울여야 할 때가 바로 지금 아닐까요?

(b) 질문을 던질 둘째 영역은 인간 삶의 목표에 관한 것

입니다. 우리 문화는 일반적으로 '행복 추구'가 모든 사람의 적절한 목표라는 점을 자명한 것으로 받아들여 왔습니다. 이런 가정에 반대해 우리는 행복에 대한 다른 이해를 증언해야 합니다. 성경적 관점에서 행복은 하나님의 선물이지, 인간의 성취가 아닙니다. 이 주제에 관한 가장 유명한 성경 구절(마 5:3-11)은 오늘날 대부분 사람들이 가장 가엾다고 여기는 이들에게 행복을 약속합니다. 그러나 '현대'의 사람들, 특히 젊은이들 사이에서 소비 지향 사회의 광고 매체들에 의해 그토록 집요하게 제공되는 '행복'은 전혀 행복이 아니라는 인식이 커지고 있습니다. 인간의 존엄성은 현대 기술이 제공하는 '좋은 것들'의 과잉으로 보장되는 것이 아니라 상실된다는 인식 말입니다.

소수만이 이런 부를 누릴 수 있고 여전히 대다수는 생존을 위해 필사적으로 몸부림쳐야 하는 세상에서, 그것을 누리는 이들이 서구의 풍요로움에 의문을 제기하는 데 적지 않은 위선이 있을 수 있습니다. 하지만 위선보다 더 나쁜 사실은, 나머지 세계가 부유한 소수를 따라잡을 수 있게 만드는 것이 인류 전체를 위한 '발전'이라는 헛된 상상입니다. 만일 떼를 지어 깊은 구렁텅이를 향해 가파른 길을 내달리고 있다면, 아마도 느림보들이 축하를 받아야 할 것입

5장 탐구로의 초대

니다!

우리는 부유한 사람들과 가난한 사람들 모두에게 물어야 할 것입니다. '현대' 사회가 추구해 온 형태의 '행복'이 오롯이 인간 삶의 목표이며 인간 존엄성의 징표가 될 수 있다는 환상에서 우리를 완전히 해방해서 참된 인간의 존엄성을 보호해 줄, 모든 사람의 상호 책임에 뿌리를 둔 세계 발전 모델들이 무엇인지 말입니다. 이렇게 이해된 발전은 가난한 나라보다는 부유한 나라에 더 어려운 변화를 요구할 것입니다.

(c) 질문을 던질 셋째 영역은 정부의 역량과 권한에 관한 것입니다. 미국 건국의 아버지들은 옛 왕권과의 끈을 (아무리 빈약했을지라도) 자른 터라 자신들이 세운 정부를 정당화할 초월적 권위가 없었고, 따라서 그들은 일종의 초월적 정당화를 의견의 문제가 아니라 모든 사람에게 구속력 있는 '자명한' 진리들에서 찾으려 했습니다. (한나 아렌트는 그들이 일인칭 복수 대명사를 사용한 것이 실수라고 주장했습니다. 엄밀히 말하자면 "이 진리들은 자명하다"고 했어야 한다는 것입니다. 개인적 의견이 완전히 배제되지 않았던 셈입니다!) 자명하다고 여겨진 진리들 가운데는 모든 사람에게 생명, 자유, 행

복 추구의 권리들을 보장하는 정부 역할이 있었습니다. 프랑스 혁명을 일으킨 사람들은 (미국 사람들과 대조적으로) 초월적 권위가 아니라 '국민의 일반 의지'에서 압도적 권력을 발견했는데, 이 의지는 전혀 단일하거나 일정하지도 않았기 때문에 결국 한 명의 독재자를 통해 도전을 받고 말았습니다. 19세기와 20세기에는 생명, 자유, 행복에 대한 보편적 욕구에 부응해야 할 국가 정부의 역할이 엄청나게 확대되었습니다. 강조는 상호 의무보다 평등한 권리에 있었고, 이 권리들을 충족시키는 것이 정부의 의무라는 '자명한' 의견은 어디서나 사람들로 하여금 인간의 행복에 대한 책임을 정부에 떠넘기게 했는데, 이는 과거의 어떤 정부도 짊어질 것으로 기대하지 않았던 짐입니다. 정부를 만복의 근원으로 여기게 되었지만, 어떤 정부도 그 기대를 충족시킬 수 없기 때문에 냉소주의가 생겨납니다.

냉소주의는 국가가 지원하는 복지 제도에 대한 일종의 반발로 이어지기 쉬운데, 이는 현재 영국에서 볼 수 있는 것입니다. 예를 들어, 가난한 이들을 희생해서 결과적으로 부자들을 배불리는 것에 대한 반발처럼 말입니다. 냉소주의는 무익합니다. 우리는 국가가 조직한 복지의 불가피한 관료적 제약들 안에서는 불가능한, 더 인격적이고 직접적인 방식으로 모든 사람의 복지에 대한 상호 책임을 표현할 방법을 찾아야 합니다. 이 탐색에는 복지 행정 분야들에서 실무 경험이 있는 전문가의 안내가 필요합니다. 국가와 지방 정부 및 자발적 기구들의 역할들이 얽힌 데는 매우 복잡한 문제들이 관련되어 있습니다. 이 모든 것을 알려 준 인간 존엄성에 대한 시각이 계몽주의가 아니라 성경에서 나왔을 경우에만 유익할 것입니다. 동등한 권리보다는 상호 책임이라는 측면에서의 인간 삶에 대한 시각, 그리고 행복을 '권리'가 아니라 대개 우리가 찾고 있지 않을 때 우리를 놀라게 하며 주어지는 선물로 보는 시각입니다.

(d) 질문을 던질 넷째 영역은 우리의 미래 비전에 관한 것입니다. 계몽주의는 이성과 양심을 교리의 족쇄에서 해방하고, 과학적 방법을 자연 착취와 사회 질서에 적용함으로써 이루어질 지상 유토피아에 대한 희망을 탄생시켰습니다. 20세기 초반 몇십 년까지도 존재했던 점진적 진보에 대한 자유주의의 비전은 이제 완전히 사라졌습니다. 폭력적 혁명을 통해 달성될 유토피아에 대한 희망은 소수의 사람들 사이에 여전히 살아 있습니다. 대다수는 지상의 미래에 대해 희망적으로 생각하기를 그친 듯 보입니다. 그러나 희

망 없이는 행동이 불가능하고 생명도 끝납니다.

만일 우리가 성경적 비전을 따른다면, 우리의 미래 희망은 확고하고 현실적일 것입니다. 제가 말했듯이 신약성경의 묵시적 저작들은 예수의 삶, 죽음, 부활이라는 사건들에 의해 인도되는 미래에 대한 견해를 제공합니다. (공관복음에 나오는 수난 예언과 묵시적 구절에는 밀접한 언어적 유사성이 있습니다. 둘 다 "이 일이 다 일어나리라"고 한다는 점입니다.) 이 비전이 보여 주는 것은 점진적 진보가 아닙니다. 깊어지는 갈등, 안정되게 보였던 것의 붕괴, 그리고 어둠 너머의 최후 승리에 대한 비전입니다. 갈등은 '거짓 메시아들'의 출현으로 촉발됩니다. 달리 말하면, 이들은 십자가의 길을 걸으며 예수를 따르는 이들에게 주시는 것과 다른 방식으로 총체적 복지를 줄 것처럼 속이는 자들입니다. '총체적 복지', 즉 이 땅의 모든 불행으로부터의 자유가 현재 삶에서 가능하다는 생각은 구원의 날이 밝아 왔다는 복음의 선포에 익숙한 문화에서만 생겨날 수 있는 생각입니다. 참된 메시아의 오심이 거짓 메시아의 출현을 촉발합니다. 십자가의 길을 걷는 제자도와 상관없는 총체적 복지에 대한 세속적 약속은 복음에 의해 형성된 사회에서 주어졌으며, 그런 사회에서만 가능한 일일 것입니다. 그 약속은 거짓이고 재앙으로 이어질 뿐입니다. 다가올 일들의 모습에 대해 신약성경이 제시하는 비전은 그리스도인들을 현실적이면서도 희망적이고, 열렬하면서도 인내하게 만들어야 합니다. 예수의 최후 승리는 확실하지만, 그것은 우리 개인과 사회 모두의 죽음과 소멸 너머에 있습니다. 따라서 우리가 취하는 행동들은 두려움에 의해 결정되지 않을 것이고, 오히려 표징의 성격을 가질 것입니다. 포로가 된 예레미야가 적이 장악한 영토에서 토지를 샀던 행동처럼 말입니다. 우리의 행동들은 희망의 표징이 될 것입니다. 그러나 그 희망은 단지 개인적 구원만을 위한 것이 아닙니다. 자연과 역사에서 하나님의 모든 목적을 이루기 위한 것이고, 따라서 그 행동들은 사적 영역은 물론이고 공적 영역에서도 행해질 것입니다.

(e) 마지막으로 질문을 던질 다섯째 영역은 앎의 과정에 무엇이 결부되어 있는가에 대한 오늘날의 가정들과 관련됩니다. 이것은 우리의 가장 근본적 과제인데, 왜냐하면 17세기 이후 현대 과학이 발전시킨 앎의 방식들이 서구 문화 전체에 근본이 되기 때문입니다. 교회가 당면한 가장 큰 지성적 과제는 과학과의 새로운 대화입니다. 20세기에 과학(특히 물리학)에서 일어난 중대한 변화들이 이 대화에 이르는 길

을 마련했습니다. 이전 장에서 저는 마이클 폴라니를 인용하면서 이 대화가 어떤 방식으로 진행되어야 한다고 생각하는지 밝혔습니다. 현대 과학의 엄청난 불가역적 성취들에 대해 의문을 제기하거나 그것이 탄생시킨 기술의 잠재적 유익들을 무시하려는 시도는 불가능합니다. '녹색' 운동들의 생각 가운데 있는 일부 순전히 부정적 요소를 고려할 때 이 말을 하는 것이 필요합니다. 중요한 것은 '앎'의 의미입니다. 인간이 인간의 삶이 자리해 있는 실재들을 참으로 이해하고 실질적 관계를 맺는 일을 가능하게 하는 방식에 대한 질문입니다. 과학은 그 질문에 대해 완전한 답을 주지 않고 또 그런 척도 하지 않습니다. 그러나 지난 200년의 과학적 성취들이 너무나 놀라워서, 우리는 과학의 방법들이 모든 완전한 지식을 위한 충분한 열쇠라고 믿게 되었습니다. 그러한 믿음이 우리를 재앙 직전까지 몰고 갔습니다.

만일 우리가 성경적 비전을 따른다면, 우리는 가장 완전한 의미에서의 지식이 요구하는 헌신과 태도가 계몽주의 이후에 이상으로 떠받들어진 것과는 다름을 깨닫게 될 것입니다. 성경적 비전은 우리 자신들보다 훨씬 큰 인격적 실재에 대한 신뢰의 관계성을 중심에 둡니다. 그러한 신뢰가 없으면, 사물의 실상에 대한 참된 지식은 우리가 볼 수 없게 숨겨져 있을 것입니다. 따라서 우리가 현재의 교착 상태를 벗어나기 위해서는 이해의 작업에서 믿음과 의심 사이의 균형에 변화가 있어야 하고, 비판 능력이 일차적인 것이 아니라 이차적인 것이며 신앙으로 유지되는 신념들에 기초해서만 작동할 수 있다는 사실을 인식해야 합니다. 이런 변화와 인식이 없다면, 비판 능력은 아무것도 알 가치가 없어서 아무것도 알 수 없다는 허무주의적 회의주의(nihilistic skepticism)로 우리를 이끌 것입니다.

이런 질문들은 과학자·교사·철학자에게 과학의 미래에 대해, 그리고 교육의 본질에 대해 매우 광범위한 문제를 제기하는 것입니다. 과학자들은 그들의 작업이 윤리적으로 중립이 아니라는 사실을 확실히 인식하게 되었습니다. 그들은 자신들의 연구 결과가 사회에 던지는 윤리적 딜레마에 대해 깊이 우려합니다. 하지만 그 이상으로 필요한 사고의 틀이 있는데, 윤리적 고려를 과학 연구의 결과에 대한 외적 규제로만 보지 않고, 과학 자체를 윤리와 분리할 수 없는 전체로 이해하는 것입니다. 왜냐하면 모든 앎이 하나님과 동료 인간에게 책임이 있는 사람들의 활동이기 때문입니다. 교사와 부모는 교육 과정에서 종교와 도덕 교육이 하는 역할에 대해 고민하고 있습니다. 둘 다 우리의 과학적 문화와 기독교 시대로부터 물려받은 전통적 가치들 사이의 덫에 걸려 있습니다. 부모는 자녀를 위한 종교 교육을 요구하지만, 자녀가 배우기를 바라는 것을 정작 그들이 믿지 않는다는 사실을 자녀는 금방 알아차립니다. 힌두교도, 시크교도, 이슬람교도 가정 출신의 아이들이 한꺼번에 서양 학교들에 들어오면서 문제를 복잡하게 만들어서, 교사들은 '종교'를 진리에 대한 시각보다는 문화의 한 양상으로 가르치도록 요청을 받습니다. 그 결과로 종교가 ('문화'의 일부가 아니라 '사물의 참된 실상'으로) 나머지 교육 과정에서 전수되는 '문화'에 제기할 수도 있는 의문들은 제외되었습니다. 근대의 과학적 세계관이 사물의 실상에 대한 참된 설명으로 가르쳐지고, 반면에 종교는 다양한 방식으로 접할 수 있는 문화의 한 양상으로 가르쳐집니다.

결론

앞 장의 다섯 부분에서 저는 우리 현대 문화가 사물의 실상에 대한 성경적 비전과 마주쳤을 때 제기되는 방대한 질문들 가운데 몇 가지를 제시하려 했습니다. 이 질문들에 대답하는 것은 다양한 학문 분야 및 그와 관련된 행동 영역들에 전문가적으로 깊이 관여해 온 사람들이 해야 할 일입니다. 여러 해에 걸친 이 노력에 교회들이 같이 참여하도록 초대하기 위해 이 작은 논문을 쓰면서, 공동 작업의 결과를 함께 모을 수 있는 주요 회의로 이어질 수 있기를 기대도 해 봅니다.

제가 시작한 지점은 타당하기에 널리 공유되고 있다고 믿는 인식이었는데, 즉 우리 현대 유럽 문화가 확신을 가지고 자신을 인류 진보의 횃불을 든 주자로 전 세계에 소개했던 250년의 기간이 끝에 가까워지고 있다는 것입니다. 폴라니를 따라 제가 주장한 것은, 우리가 성 아우구스티누스가 직면했던 상황과 상당히 유사한 상황에 있다는 점이었습니다. 독보적으로 찬란한 문화의 생명이 끝을 향하고 있었습니다. 스스로 갱신할 힘을 잃었습니다. 아우구스티누스가 제공한 것은 고전 문화의 '자명한' 공리에 근거한 것이 전혀 아니었습니다. 그것은 경험을 이해하고 대처할 새로운 모델이자 새로운 틀로서, 하나님이 인간 예수 안에서 성육신하셨고 그렇게 함으로써 모든 역사와 모든 인간의 영혼을 위한 하나님의 목적을 나타내셨으며 실행하셨다는 사실에 기초한 것이었습니다. 그 새로운 틀은 한 쌍의 교리들, 성육신과 삼위일체로 구체화되었습니다. 믿음으로 받을 선물로, 새로운 이해 작업을 위한 출발점으로 제공된 것이었습니다.

저는 우리의 형편이 유사하다고 믿습니다. 물론 동일하지는 않습니다. 우리는 과거로부터 배울 수 있지만, 결코 과거로 돌아갈 수는 없습니다. 기독교 세계나 기술 이전의 순수함에 대한 그 어떤 종류의 향수도 배제해야 합니다. 하지만 저는 우리가 아우구스티누스의 모범을 따라 예수의 사역에 기반을 둔 이해의 틀을 우리의 죽어 가는 문화에 담대하고 당당하게 제공할 수 있으며, 아울러 빛으로 또 그 이름의 능력으로 우리의 경험을 새롭게 이해하고 다루려는 힘찬 시도에 동시대인들이 참여하도록 초대할 준비도 되어 있다고 믿습니다.

후기: 다른 측면에서

— 웨슬리 아리아라자*

*웨슬리 아리아라자는 스리랑카 출신의 감리교 목사로, WCC 하위 분과인 '살아 있는 신앙 및 이념을 가진 사람들과의 대화' 책임자였다. 현재 드루 대학교 신학대학 명예교수로 활동 중이다.

조지 오웰(George Orwell)의 『1984』는 1949년에 처음 출판되었습니다. 이 책은 현대 정치에 대한 풍자로서, 악몽 같은 전체주의적 미래에는 전쟁이 평화이고 자유가 예속이고 무지가 힘이 되리라고 예견했습니다. 우리 모두를 감시하는 단일한 큰 형(Big Brother)은 아직 등장하지 않았지만, 큰 누나들(Big Sisters)을 포함하는 여러 존재들이 그 자리를 놓고 경쟁을 벌이고 있습니다.

인간의 자유와 세계 평화에 대한 위협은 오웰이 소설을 썼을 때보다 오늘날 더 커졌습니다. 중심에는 서구 문명의 위기가 있으며, 그 위기는 지난 수십 년 동안 지속적으로 악화되었습니다.

이 상황은 서구 교회들이 피할 수 없는 도전들을 제기합니다. 이는 그들이 신앙의 측면에서 대답해야 할 그들의 증언에 대한 질문들을 제기합니다. 그 질문들은 무엇일까요? 질문들을 명확히 하는 것은 매우 중요한 과제입니다. 이 책 『레슬리 뉴비긴, 세상 속 교회의 길을 묻다』는 바른 질문들을 제기하고 기독교 신앙의 시각에서 가능한 답들을 드러내려는 시도입니다. 선진국에 살고 있든, 개발도상국이나 제3세계에 살고 있든, 레슬리 뉴비긴이 한 일에 대해 감사해야 합니다. 그는 상황을 분석했고, 우리가 처한 난관을 묘사했으며, 우리가 그리스도인이자 인간으로서 무시할 수 없는 쟁점들을 거론했습니다. 분석은 명확하고, 질문은 날카로우며, 접근 방식은 대담하고 타협이 없었습니다.

우리 모두는 뉴비긴이 교회를 위해, 그리고 교회를 대신해 질문을 제기하는 관점을 인식하는 것이 중요합니다. 그는 단순히 "우리가 무엇을 할 수 있는가?"를 묻는 것이 아닙니다. 그는 삶과 세상에 대한 성경적 이해에 이 문제들의 해결책이 있는지와 관련해 학문적 질문을 제기하지 않습니다. 오히려 그는 "우리 현대 문화가 사물의 실상에 대한 성경적 비전을 직면할 때" 생길 수밖에 없는 질문들을 밝히려 합니다. 이것은 정당합니다. 신학자가 질문을 제기할 수 있는 유일한 관점은 신앙의 관점입니다. 신학자는 신앙에 이르기 위해 질문하지 않습니다. "내 신앙의 시각에서 이에 대해 무엇을 말할 수 있을까?"를 물음으로써 시작할 수 있을 뿐입니다.

뉴비긴은 질문들의 범위를 계몽주의로부터 성장한 현대 서구 문화가 직면한 위기에 국한시킵니다. 그는 그 질문들에 답하는 것이 그와 관련된 다양한 연구 분야와 활동 영역에 참여하는 모든 사람의 일이라는 것도 알고 있습니다.

왜 후기를 쓰는가

저는 제기된 질문에 답을 한다는 생각은 하지 않습니다. 탐구 자체에 대한 평가를 시도할 생각도 전혀 없습니다. 저 자신의 제한된 과제는 '다른 측면'에서 탐구에 참여하는 것입니다. 1984년 이후가 아니라, 서구 가치의 영향을 받았지만 근원이 거기에 있지 않은 문화의 관점에서 말입니다. 그리고 저는 세 가지 이유로 이 과제를 수행합니다.

첫째, 여기서 제기된 질문들이 같은 기독교 신앙을 가졌지만 다른 문화권에 속한 사람에게 어떻게 보일지 살피는 일이 유익할 것이기 때문입니다. 둘째, 서구 문화는 모든 곳의 교회들과 많은 관련이 있기 때문입니다. 세계 모든 곳의 교회와 기독교 공동체는 서구 문화의 가치들에 의해 영향을 받았으며, 그리스도인이 아닌 사람들이 받은 영향보다 그 범위가 훨씬 더 넓습니다. 이 쟁점들은 그들에게 영향을 미치고 있으며 토착화, 종교 간 대화, 문화화, 그리고 특히 선교와 전도에 대한 질문들을 두고 진지하게 씨름

할 향후 몇 년 동안에는 더욱 큰 영향을 미칠 것입니다. 셋째, 이런 종류의 후기를 통해 기독교 공동체의 훨씬 더 큰 부분이 참여하도록 해서 전체 탐구의 범위를 넓히는 것이 제 희망이기 때문입니다. 이 책은 영국의 상황에서 쓰였습니다. 쟁점들은 서구에 있는 교회들에 공통적인 것으로 여겨지지만, 기본적으로 그것들은 '초교파적' 쟁점들로, 교회들 사이의 내부 대화는 세계 모든 지역의 특수한 상황들에 대한 질문과 탐구 전체를 또렷하게 만드는 데 도움이 될 수 있을 것입니다.

제가 짧은 글의 한계 내에서 그러한 과제를 공정하게 대할 수 있으리라고 기대할 수 없습니다. 부분적으로 이 연구 자체가 너무나 결정적으로 중요하고, 그토록 근본적 문제들을 제기하기 때문입니다. 또한 부분적으로 세계의 문화들이 너무나 다양해서 어떤 한 사람이 그들을 대변하거나 대표해서 말할 수 없기 때문입니다.

또한 저는 이 연구와 관련된 분야들의 어떤 것에도 전문가가 아니기 때문입니다. 저는 특정한 선택된 영역들을 시험적이고 일반적으로 다루는 것으로 만족해야 합니다. 그리고 주로 제가 사는 인도 아대륙에서의 경험에 의존할 것입니다.

서구의 영향

강조해야 할 점은, 이 책에서 제기된 질문들이 실제로 세계 다른 지역의 사람들에게도 중요하다는 것입니다. 과학과 기술에 기반을 둔 서구 문명은 세계의 공통 문명으로 자처해 왔고, 최근 몇 년 동안 적어도 세계의 모든 도심에서는 지배적 역할을 했습니다. 그것은 모범으로 떠받들어졌고, 세계의 모든 문화에 영향을 주었습니다. 그것이 기반한 과학적 세계관은 여러 비서구 사회의 문화적 기초들을 도전해 왔고, 많은 경우에 약화시켰습니다. 세계의 신생 독립 국가들 대부분이 서구의 발전 모델을 따랐습니다. 실제로 근대화와 서구화는 거의 같은 것을 의미하게 되었습니다.

단 하나의 예를 들자면, 마하트마 간디(Mahatma Gandhi)는 일단 인도가 독립을 달성하면 마을을 중심으로 건설되기를 간절히 바랐습니다. 그에게 인도의 마을은 인도 문화의 가치와 사고방식의 상징이었습니다. 그는 인도의 종교 전통 자체에 국민을 해방하고 카스트 제도 같은 악들을 근절하는 데 도움이 될 수 있는 자원들이 있다고 믿었습니다. 그러나 판디트 네루(Pandit Nehru)의 정부는 서구 모델을 택했습니다. 네루는 간디의 제자였지만 둘의 세계관은 크게 달랐습니다. 네루 자신이 서구 과학적 세계관의 산물로서, 산업화와 과학적 관점이 국가를 경제적으로는 물론이고 사회적으로 그리고 문화적으로 변화시킬 것이라고 확신했습니다. 대부분의 제3세계 지도자들은 간디보다는 네루의 모범을 따랐습니다.

뉴비긴이 전개하는 핵심 논지는 근대의 과학적 세계관을 신앙 및 권위에 기초한 세계관과 구분하는 데 있습니다. 이 구분은 다른 문화에도 적용됩니다. 예를 들어, 합리주의적 세계관은 인도에 생소한 것이 아닙니다. 인도 철학의 여섯 가지 고전적 체계들 내에서 이성에 근거한 이 접근 방식은 진지하게 고려됩니다. 하지만 그것은 인도 사회의 틀이 결코 되지 못했습니다. 사회에서의 삶과 행동을 위한 규칙을 정한 전통(*smriti*)은 베다(Vedas)와 우파니샤드에 계시된 스루티(*sruti*, 들은 말) 또는 진리에서 도출될 것으로 기대되었습니다.

과학적 세계관에 대한 뉴비긴의 비판은 인도와 다른 아시아 국가들에서 즉각적 공감을 얻을 것입니다. 실재를 이해하는 과정과 지식을 습득하는 과정 모두에서 믿음과 의심이 하는 역할들은 인도 종교 전통에서 매우 복잡했으나, 이성을 초월하는 실재가 이성을 깨우친다는 점은 대체로 받아들여졌습니다. 궁극적 의미는 이성이 홀로 탐구할 수 있는 것으로는 철저히 규명될 수 없습니다. 삶의 목표와 행복의 의미도 마찬가지로 과학적 탐구를 넘어서는 틀 안에서 정의됩니다.

같은 방식으로, 주로 경제는 사회적·윤리적 사유의 범주들 내에서 이해됩니다. 부의 획득 및 활용과 관련된, 인간이 자연 및 천연 자원들과 관계를 맺는 방식과 관련된 윤리적 규범들이 있습니다. 근대의 과학적 세계관에서 일어난 경제와 윤리의 분리는 동양의 태도와 상충하지만, 그러한 분리가 오늘날 대체로 서구 문명의 영향 덕분에 점점 더 분명해지고 있다는 사실은 인정되어야 합니다.

다른 관점에서의 답변

뉴비긴은 새로운 과학적 세계관에 의해 훼손된 계몽주의 이전 시대의 근본적 특징들 세 가지를 밝혔습니다. 관련된 쟁점들을 지나치게 단순화할 위험을 무릅쓰고, 그가 요청하는 바를 요약해 보려 합니다.

1. 우리는 아는 것과 이해하는 것에서 믿음의 역할을 회복해야 합니다. 계몽주의를 거치면서 '교리'는 나쁜 단어

가 되었습니다. 인간 이성의 자유로운 발휘를 속박하는 모든 것을 의미한 것입니다. 믿음과 의심의 역할이 뒤집혔습니다. 우리는 믿음의 행동인 듣고 받아들이는 태도를 지식의 전제 조건으로 회복해야 합니다.

   2. 기독교 교리가 공적이고 사적인 삶 전체를 파악하도록 하는 틀을 제공할 수 있다는 이해를 회복할 필요가 있습니다. 그러한 신앙의 틀이 기도 및 성례들과 마찬가지로 경제 및 사회적 삶의 질서와 관련이 있음을 인정해야 합니다. "삶이 그 총체성 가운데 이해되어야…하는데, 말하자면 삶으로서 공적인 것과 사적인 것 사이에, 신자와 시민 사이에 이분법이 없다는 것입니다."

   3. 우리는 성경으로 돌아가야 합니다. 성경의 증언이 그리스도인의 사적·공적 삶에 대한 관점들을 제공합니다. 바로 그것이 공적 영역에서 명확히 기독교적 판단과 행동의 기초입니다.

이러한 제안들은 서구 문명에서 가장 멀리 벗어나 있는 사람들에게 어떻게 비칠까요?

아시아, 아프리카, 중동의 대부분 나라들에서는 힌두교, 불교, 이슬람교의 종교 전통들이나 원시 세계관이 사회적 조직을 위한 기초를 제공합니다. 이들 중 많은 사회에서 신앙의 관점들이 실제로 사회를 위한 전반적 기초를 제공합니다. 그러나 왜곡이나 불의 또는 빈곤이 너무나 많고, 사람들은 과학과 기술을 미신, 무지, 예속 상태에 맞설 수 있는 힘으로 여깁니다.

뉴비긴은 계몽주의의 긍정적 성취들을 인정합니다. 과학적 방법은 실제로 사람들을 교리의 속박에서 구해 냈으며, 사실상 노예 상태에 있는 이들을 해방합니다. 하지만 오늘날 그것을 지탱해 온 원칙들이 힘을 잃은 것처럼 보일 것입니다.

질문은 이 모든 것을 얼마나 비서구 문화들에 적용할 수 있느냐 하는 것입니다. 이러한 문화들에는 세속적인 과학적 접근 방식이 인간화와 인류 발전에 필수적이라고 보는 이들이 많습니다. 그들이 제시하는 다음의 이유들을 진지하게 받아들여야 합니다.

1. 서구 문화가 아닌 다른 문화에 기초해 있고 사회의 틀을 신앙의 관점에서 이끌어 낸 많은 나라는, 아마도 다른 의미에서는, 여전히 '중세'에 머물러 있습니다. 그들은 아직도 각자의 교리에서 유래한 '신앙의 틀'의 일부로 보이는 많은 사회적·경제적 악들로부터의 해방을 기다립니다. 물론 이런 종교적 전통들 안에 높고 고상한 원리와 가르침이 있

는데, 그것이 힌두교, 불교, 이슬람교, 혹은 어떤 다른 전통 종교일지라도 마찬가지입니다. 정의롭고 참여적인 사회를 위한 신앙의 틀을 만들어 낼 수 있다는 것을 증명하려는 시도들이 있었습니다. 그러나 많은 개혁가의 노력에도 불구하고, 이러한 종교들과 문화적 전통들은 스스로를 재구성할 활력을 자신들 내에서 끌어낼 수 없었습니다. 모든 경우에 변화를 만들어 낸 것은 현대 과학과 다른 세계관의 영향이었습니다. 웬일인지 죽음이 새로운 삶을 위한 필수적 전제로 여겨집니다.

2. 신앙의 틀을 위해 교리에 의존하는 사회들의 구조를 분석해 보면 많은 사람을 예속하기 위해 교리가 해석되고 적용된다는 것이 명백히 드러나는데, 특히 그 종교 전통의 사제와 선지자에 의해 그런 일이 일어납니다. 이는 중세 기독교에서도 마찬가지였으며, 오늘날에도 많은 사회에서 여전히 그렇습니다. 교리의 지배적 역할이 복원될 때 행여 그런 일이 더 교활하고 정교한 방식으로 일어나지 않으리라는 보장은 없습니다. 우리는 권력 문제를 피할 수 없습니다. 교리를 해석해서 사회적 삶의 질서에 적용하는 이들은 사람들을 통제하고 지배하려는 음험한 유혹을 받게 될 것입니다.

3. 종교 전통들이 각각 다른 신앙의 틀을 제시하는 다종교, 다문화 상황에서는 온전한 신앙적 접근은 어려워집니다. 종교 간 대화와 종교 간 협력은 비교적 최근에 강조되기 시작했습니다. 많은 경우에 과학과 기술의 영향 및 그것의 통합, 세속화, 인간화 효과들이 여러 문화와 신앙의 공존에 도움이 되었다는 것은 비밀이 아닙니다. 한 문화의 신앙의 틀이 다른 문화의 신앙의 틀과 다를 때, 선택지는 개종 혹은 갈등 가운데 하나밖에 없습니다! 오랜 역사를 가진 개신교와 로마 가톨릭의 대립 및 기독교와 이슬람교의 갈등은 우리에게 교리에 기초한 신앙의 틀에 대해 경고해야 합니다.

딜레마

하지만 이 모든 것이 무슨 의미가 있을까요? 저는 이런 고려들이 어떤 식으로든 뉴비긴이 제시한 기본 논제를 훼손한다고 생각하지 않습니다. 근대의 과학적 세계관이 인간의 궁극적 탐구를 만족시키지 못한다는 데는 논란의 여지가 없습니다. 뉴비긴이 삶과 그것의 의미를 이해하기 위한 신앙의 틀을 회복할 것을 요청할 때, 그는 중세로의 회귀는 없다는 점을 아주 분명히 했습니다. 실제로 그는 현대 문화와 기독교 신앙 사이의 대화를 강력히 주장합니다.

근대의 과학적 방법과 그로부터 비롯된 문화의 모호성을 감안한다면, 다른 문화들은 서구에서 일어나고 있는 일을 보며 배울 수 있습니다. 사실, 근대의 과학적 세계관과 믿음에 기초한 신앙의 틀을 선택해야 할 대체하는 틀의 문제로 봐야 하는지에 대해 의문을 제기해야 합니다. 그것들을 양자택일의 문제로 다루려는 경향이 서구가 직면한 위기의 핵심인 듯합니다. 중요한 것은 근대의 과학적 방법 및 그 적용을 해당 사회의 신앙과 윤리적 관점들과 결부시키는 일인 듯합니다.

언뜻 이는 불가능해 보일 것인데, 왜냐하면 그것들은 서로 배타적이라고 이해되기 때문입니다. 과학적 방법의 핵심에는 삶을 이해하는 틀로서의 신앙에 대한 거부가 있습니다. 그것이 배제하려는 신앙과의 대화 가능성을 제외시키는 듯합니다.

이는 다른 문화들에서 교회와 사람을 불가능한 딜레마에 빠뜨릴 것입니다. 왜냐하면 우리는 과학과 기술의 인간화 효과들을 거부하거나 부인할 수 없고, 동시에 우리는 그것이 서구 세계에 초래한 것으로 보이는 영적 빈곤과 무의미함을 무시할 수 없기 때문입니다. 계몽주의 이전 시대로 돌아갈 가능성은 없고, 계속해서 삶을 근본적으로 변화시키는 방식들로 과학적 방법을 탐구하고 적용하는 인간 이성의 활동을 중단시킬 가능성도 없습니다. 우리는 이러한 딜레마를 해결할 수 없습니다. 질문은 우리가 그것을 넘어서 갈 수 있느냐 하는 것입니다.

우리는 이런 방식으로 질문해야 하는데, 왜냐하면 최소한 몇몇 관찰자들에게는 서구 문화가 심화하는 위기에도 불구하고 새로운 발견의 문턱에 서 있는 것처럼 보이기 때문입니다. 과학적 방법의 원리들에 따라 진행된 이 과정이 이제는 삶에 의미를 줄 측면들을 찾는 방향으로 나아가는 듯합니다. 오늘날 의미를 찾는 질문들에 관해 관심을 가진 것은 신앙을 가진 그리스도인들만이 아니라는 사실을 무시해서는 안 됩니다. 많은 과학자가 의미와 목적을 찾기 위해 노력하고 있습니다. 경제학자들은 인간의 가치들에 관한 문제를 염려하기 시작했고, 기술자들은 그들의 일을 위한 윤리적 기반들을 찾으려는 분위기입니다.

진짜 문제는 우리가 과학적 방법을 되돌리고 그 주요 전제들 가운데 몇 개만 없앨 수 없다는 사실에 있습니다. 중세의 교리로 돌아갈 수 없듯이, 계몽주의 이전의 과학적 환경으로 돌아갈 수도 없습니다. 현대 사회에 의미 있게 말할 수 있는 신앙의 회복은 새로운 시대의 실제 성과들을 그 안에 통합하는 것이어야 합니다. 좋든 나쁘든 그것은 과학적 방법이 남긴 흔적을 계속해서 품는 문화의 언어를 사용해야 합니다.

현대 문화와의 대화를 향하여

그렇기 때문에 뉴비긴이 현대 문화와의 대화를 촉구했다는 점을 강조하는 것이 중요합니다. 대화에서는 그 누구도 모든 진리가 자기 편에만 있다고 상정할 권리가 없다는 점에 유의해야 합니다. 이것은 대화에 참여하는 그리스도인들, 즉 대화가 위험을 감수한다는 것을 알지만 자신들에게 계시된 진리가 너무나 확고해서 그것에 도전하는 실질적 위험이 없다고 믿는 경향이 있는 이들에게 경고가 되어야 합니다. 저는 두 가지 이유에서 이 점을 강조하고 싶습니다.

첫째, 마치 아무 일도 없었던 것처럼 교리로 돌아갈 수 없음을 다시 강조하기 위한 것입니다. 실제로 교리는 몹시 훼손되어 왔습니다. 우리는 이성을 절대적 결정권자로 만들지 않으면서도, 교리에 질문하는 이성의 역할을 인정해야 합니다. 이 관계는 변증법적입니다.

또한 이성과 믿음을 양자택일이나 상호 배타적 권위로 제시하는 단계를 넘어서는 것이 중요합니다. 인도의 종교 전통들 가운데 일부는 서로 계몽하고 바로잡는 권위들의 집단을 강조합니다. 실제로 신앙과 이성, 전통과 경험은 다양한 각도에서 빛을 비추는 권위들의 집단으로 결합될 수 있으며, 이는 삶의 신비를 여러 관점에서 이해하는 것을 가능하게 합니다. 이것은 근대의 과학적 방법에 의해 도전을 받고 있는 다른 문화의 사람들에게 특히 흥미로울 것입니다.

신앙의 틀을 회복하는 과정에서 우리가 '콘스탄티누스의 함정'에 빠져서는 안 된다는 뉴비긴의 경고를 매우 진지하게 받아들여야 합니다. 현재 이슬람교 사회들에서 벌어지고 있는 다툼과 갈등이 이 맥락에서 우리에게 교훈을 줍니다. 몇몇 이슬람교 국가에서 과학과 기술의 영향은 전통적 봉건 사회에 해방하는 효과를 가져왔습니다. 동시에 전체 사회를 조직한 신앙의 틀을 불안정하게 만드는 효과도 가져왔습니다. 다양한 이슬람 국가들이 어떻게 이 상황에 대처하고 있는지 살펴보는 것은 교훈을 줍니다. 반응은 전면적 거부에서 적응 및 순응에 이르기까지 다양합니다.

비서구 문화들에서 사는 그리스도인들이 직면하는 문

제는 그들이 속한 사회에 신앙적 관점에 기반한 신앙의 틀이 없다는 것이 아닙니다. 문제는 그 사회가 신앙의 틀을 가지고 있지만 기독교가 아닌 다른 종교적 신념에서 이끌어 낸 것이라는 점입니다. 그런 상황들에서 흥미로운 점은, 어떤 종교도 우대하지 않고 각자 자기 신앙의 틀 안에서 자유롭게 살며 증언할 수 있는 '세속 국가'를 선호하는 이들이 대체로 그리스도인들이라는 것입니다.

뉴비긴이 요청하는 것은 교회가 주도하는 국가도, 혹은 기독교 신앙이 국교로 인정되는 것도 아닙니다. 그가 원하는 것은 성경적 신앙에서 나온 가치와 관점에 기초한 경제, 사회, 정치, 교육을 위한 기관을 가진 사회입니다.

그러나 다른 문화들에 있는 교회들을 향한 질문은 우리의 정치 체제와 사회 체계가 과학적 세계관에 기초할 것인가 아니면 신앙의 관점에 기초할 것인가 여부가 아닙니다. 질문은 "어떤 신앙의 틀인가?"입니다.

신앙들 사이의 대화를 향하여

성경의 회복을 호소하는 뉴비긴에게 있는 어려움과 동일한 어려움이 우리에게 있습니다. 그는 성경이 우리 사회 조직과 명확히 기독교적 정치 참여가 기초하는 원리들의 근원으로 인정되기를 원합니다. 그는 성경에서 개인과 사회의 삶을 지배할 원리들을, 구원의 약속과 궁극적 희망의 기초를 봅니다.

뉴비긴이 주장하고 요청하는 바를 그리스도인으로서 전적으로 공감하는 사람이라도, 그것을 다른 살아 있는 신앙들이 지배하는 문화들에 있는 교회들의 관점에서도 바라보는 것이 중요합니다.

예를 들어, 스리랑카에는 끊임없는 압력이 있는데, 바로 뉴비긴이 성경적 신앙의 회복을 위해 제시한 것과 정확히 같은 종류의 이유 때문에, 사회의 기초로서 부처의 가르침(*Buddha dhamma*)으로 회복하려는 것입니다. 많은 이슬람 국가에서는 코란을 기반으로 사회를 재구성하려는 끈질긴 시도들이 있습니다. 힌두교를 인도의 공식 종교로 만들어서 더 인정받는 방식으로 사회의 기초가 되게 하려는 점증하는 압력이 있습니다.

이러한 나라의 교회들은 고통스러운 딜레마에 직면합니다. 그들의 유혹은 과학적 지식의 원리들에 기초한 세속적 국가를 택해서 시민들이 공통의 신앙의 틀을 가지고 국가로 기능할 수 있게 하는 동시에, 사적 삶과 일반적으로 사회와 관계하는 방식을 위해 각자의 신앙에서 도출된 신앙의 틀을 가지도록 하는 것입니다. 비록 사회에 영향을 미칠 신앙의 관점들이 실제 신앙 체계에서 나온 것이 아니라 오로지 규범과 가치에서 나왔다는 주장이 있을지라도, 그것들이 성경에서만 도출되어야 하는지 아니면 다른 출처들에서도 나와야 하는지에 대한 의문은 남습니다.

다른 신앙의 지배를 받는 문화들에 있는 교회의 그리스도인들이 이 질문을 바르고 훨씬 더 정직하게 직시할 수 있게 하는 것이 중요합니다. 주목해야 할 점은, 서구 교회들을 대할 때조차 뉴비긴은 성경으로 돌아가라는 자신의 요청을 그들 가운데 있는 다른 신앙의 인식들을 가진 사람들과 대화하라는 요청과 결부시킨다는 것입니다. 다종교 공동체들에서의 교육 문제에 관해 영국에서 제기된 질문들은 문제의 심각성을 충분히 증명합니다. 다른 문화들에 있는 교회들에게 이는 훨씬 더 크고 훨씬 더 복잡한 문제일 것입니다.

그러면 우리는 무엇을 해야 할까요? 이슬람교나 불교 또는 힌두교 국가에서는 그들의 경전을 성경으로 대체하는 일이 있을 수 없습니다. 동시에 신앙의 관점이 필요하다는 사실을 알고, 합리적인 과학적 틀의 한계들도 인식합니다.

우리가 이 신앙들 속에서 성경적 관점을 밝히고 명명한다는 점을 옹호하는 이들이 일부 있습니다. 이는 이상한 해결 방식입니다. 단지 어떤 그리스도인이 힌두교의 인식에 호응하고 그것이 성경적으로 타당하다고 받아들일 수 있다고 해서 왜 갑자기 그것이 '기독교적인' 것이 되어야 하는지 저는 결코 이해할 수 없었습니다. 사람들뿐만 아니라, 원리들도 개종시키려는 열심의 희생물이 될 수 있습니다!

다른 이들은 이 모든 것이 선교의 시급성을 나타내서, 다른 신앙들을 개종시킬 수는 없더라도 적어도 사회가 기초해야 할 원리들은 받아들이도록 '우리 편으로 끌어들일' 수 있을 것이라고 주장합니다. 이것이 오늘날 교회들이 직면하는 실질적 문제들에 대해 어떤 답도 주지 않는다는 사실과 별개로, 이는 다른 신앙들을 이해하면서 이 고대의 신앙들로부터 하나님을 완전히 배제하는 것에 가깝습니다. 또한 그것은 기독교가 출현하기 훨씬 전부터 삶과 사회를 조직하는 어떤 고상한 원리들이 살아 있는 신앙들의 일부에 이미 존재했다는 사실을 매우 부당하게 부정합니다.

또 다른 이들은 교회들이 삶의 주류에서 물러나 '예언자적 소수들'이 되어야 한다고 말할 것입니다. 하지만 참여자들만 선지자가 될 수 있으며, 물러서는 것은 배신의 한 형태가 될 수 있습니다.

토론이 유익하게 진행될 수 있도록 하는 몇 가지 방향을 간략히 설명하겠습니다.

- 다른 종교적 문화들에서 살아가는 교회들은 다른 이들의 신앙, 그들의 신앙의 틀, 그리고 그 안에 담긴 삶을 긍정하는 가치들에 대해 신학적으로 평가해야 합니다. 그들은 성경적 신앙을 사회적 삶을 체계화하는 대안적 틀로 내세울 수 없습니다.

- 다른 문화들에 있는 교회들은 성경의 위치와 역할을 다른 성스러운 경전들의 맥락에서 다시 생각할 필요가 있는데, 그 경전들은 삶을 조직하는 동등하게 유효한 지침을 제공한다고 여겨지는 것들입니다. 그들은 성경적 신앙을, 즉 성경 세계의 신앙의 틀 안에서 사역하신 예수 그리스도에 대한 신앙의 헌신을, 다종교 상황들에서 어떻게 유지하고, 번역하고, 통합할 수 있는지 찾아내야 합니다.

- 교회들은 다른 신앙들과의 관계에 관해 진지하게 질문해야 합니다. 예상할 수 있는 미래에 유일하게 의미 있는 종류의 국가 생활이 다른 신앙을 가진 이들의 삶과 뗄 수 없이 얽힌 삶이라는 것이 분명하다면, 또한

삶 전체를 위한 신앙에 기반한 어떤 신앙의 틀도 여러 종교 공동체들을 섬길 수 있는 공통의 틀이어야 한다는 것이 분명하다면, 그렇다면 그것은 교회들이 다른 신앙을 가진 사람들과 맺는 관계에 어떤 의미가 있을까요?

이 모든 질문이 신앙들 사이에 더 충만하고, 더 참되고, 더 헌신된 대화가 필요함을 가리키는 것은 분명합니다. 이 맥락에서 대화가 선교를 위한 것인지 여부 같은 질문들이나, "대화냐 **아니면** 선교냐"에 대한 토론들은 적절하지 않습니다. 이런 상황들에서 대화는 우리가 공동체에 제공하는 근본적 봉사입니다. 여기서는 대화가 **바로** 선교입니다. 그것이 그리스도인들이 국가의 삶에 참여하고 기여할 수 있는 유일한 방법입니다.

줄곧 저는 뉴비긴의 논제를 왜곡하거나 잘못 표현할 위험을 의식하고 있었습니다. 제가 제기한 많은 질문은 실제로 뉴비긴 자신이 이런 식으로 또는 저런 식으로 제기한 것입니다. 저는 그 질문들을 더 명확하게 하거나 비서구적 시각에서 다루려고 노력했을 뿐입니다.

또한 이런 후기는 본래의 글에서 제기한 질문들의 날카로움을 무디게 할 위험도 있습니다. 그 질문들은 본래 그것들이 대상으로 삼았던 문화 안에서 접근하는 이들에게 여전히 타당합니다. 그러나 오늘날 어떤 문화도 다른 문화들의 영향을 받지 않은 채로 있지 않기 때문에, 이 질문들은 더 넓은 맥락에서 제기될 때 더욱 타당하게 됩니다. 우리 모두가 1984년의 다른 편에 있는 질문들을 직면해야 하며, 우리가 그것들을 함께 직면한다면 더욱 정직하게 그렇게 할 수 있습니다. 그 과정에서 또한 모든 곳의 교회들은 서로가 처한 어려움들을 더 잘 이해하며, 서로를 지지하고 강화할 필요성을 더 잘 알게 될 것입니다.

옮긴이 해설

뉴비긴은 선교사로 두 번 헌신했습니다. 27세이던 1936년에는 인도로, 1974년에 65세 나이로 은퇴한 후에는 서구로 향했습니다. 40년만에 돌아온 고국은 너무도 달라져 있었습니다. 어느 선교지보다도 더 복음에 무관심한 곳이 되어 버린 것입니다. '희망의 상실'이 그 특징이었습니다. 이 책에서 뉴비긴은 희망을 되찾기 위해 교회가 해야 할 일을 치열하게 질문하면서, 『아직 끝나지 않은 길』(1985, 복있는사람 역간)을 꼼꼼히 되돌아봅니다. 또한 그는 조지 오웰의 『1984』가 간과한 정신적 디스토피아가 도래하는 과정을 그려 내고, 왜 기독교 세계관에 기초한 선교적 교회론이 필요한지를 역설합니다.

근대주의 세계관을 비판하다

뉴비긴은 근대의 이성주의 문화에 대한 비판에서 출발합니다. 종교개혁 이후 종교 전쟁에 지친 유럽은 이성을 새로운 문화의 토대로 삼습니다. 객관성과 보편성을 갖춘 중립적

이성이 평화 공존의 길로 이끌 것이라고 믿었기 때문입니다. 18세기 계몽주의 이후에는 이성이 모든 것의 재판관이 될 때 과학과 기술의 유토피아를 건설할 수 있다는 꿈을 꾸었습니다. 하지만 뉴비긴은 서구 문명이 신앙을 버리고 이성을 절대시하면서 도덕적 혼란과 문화적 붕괴를 경험하고 있다고 진단합니다.

여기서 비판의 핵심은 신앙이 모든 이성적 활동의 기초가 되어야 한다는 것입니다. 이성은 신앙의 기초 위에서만 올바로 기능할 수 있기 때문입니다. "이해하기 위해 믿는다"는 아우구스티누스의 말처럼, 진리를 알기 위해서는 먼저 신앙을 가져야 합니다. 이성의 활동이 암묵적 믿음과 전제 위에서만 작동한다는 것을 보여 준 마이클 폴라니의 '후기 비판적'(비판 이후의) 철학도 근거로 제시합니다. 과학적 연구도 객관적 사실의 관찰만으로 되지 않고, 연구자의 신념과 직관에 의존함을 주목한 것입니다.

이성이 자율적이고 중립적이라는 믿음에 기초한 근대적 세계관은 허구로 드러납니다. 그뿐 아니라, 근대의 이성주의는 모든 신념과 전통을 비판하려는 태도로 인해 스스로를 파괴합니다. 뉴비긴은 이성주의로 인해 길을 잃은 서구 문명이 기독교 신앙을 문화의 기초로 회복하는 것을 위기 해결의 단초로 보았습니다. 이성을 부정하지 않았지만, 항상 신앙의 토대 위에서만 바른 방향으로 기능할 수 있다고 강조했습니다.

뉴비긴은 서구 문화의 세속주의, 과학주의, 상대주의의 문제점을 날카롭게 분석하면서, 교회가 이 문화적 도전에 어떻게 대응해야 하는지를 구체적으로 제시합니다. 그는 서구 사회에서 교회가 복음을 대안으로 제시하는 공동체로 살아가야 한다고 강조합니다. 이를 통해 교회가 서구 사회에서 새로운 선교적 정체성을 형성하도록 영감을 주었습니다.

서구 문명이 쇠퇴한 원인을 분석하다

근대 문화의 "작열하는 불꽃은 기독교 유산을 그리스 합리주의의 산소로 연소시켜 타올랐고, 연료가 고갈되자 비판적 틀 자체까지 태워 버렸다." 이것은 기독교 유산과 그리스 문화의 결합으로 이루어진 근대 서구 문명의 영광과 위기의 본질을 꿰뚫어 본 폴라니의 비유입니다.

기독교의 초월적 진리에 기초한 삶의 원리들이 서구 사회에 영적, 도덕적 기반을 제공해 왔습니다. 그리스 문화는 이성적 탐구, 철학적 사고, 논리와 과학적 방법론을 기독교 신앙에 결합해서 스콜라 철학과 근대 과학의 기초를 세웠습니다. 근대 서구 문명은 기독교의 영적 가치와 그리스의 이성적 사고가 결합해서 찬란하게 발전했다고 본 것입니다. 그러나 근대 계몽주의가 기독교 신앙을 점차 배제하면서, 서구 문명은 그 영적 연료를 소진해 버렸습니다. 기독교 신앙과 가치가 사라지면서 서구 문명은 더 이상 유지되지 못하고 상대주의, 허무주의, 가치의 혼란이 깊이 자리 잡았습니다. 이는 서구 문명의 자기 부정과 도덕적 위기로 해석될 수 있습니다. 기독교적 가치 없이 이성만으로는 문명의 안정과 진보를 유지할 수 없습니다.

뉴비긴은 대표 저작 『다원주의 사회에서의 복음』(*The Gospel in a Pluralist Society*)에서 서구 교회를 더 이상 기독교 문화의 중심으로 볼 수 없으며, 서구가 선교 대상으로 전환되어야 한다고 했습니다. 서구 문명이 기독교 신앙을 회복하지 않으면 더 깊은 혼란과 붕괴의 위기를 맞을 것으로 진단한 것입니다.

서구 기독교의 중증 혼합주의를 비판하다

한편, 뉴비긴은 서구 기독교가 근대 문화의 철학적 전제들는 그것이 하나님의 진리를 더 깊이 탐구하고 기독교 신앙이 공적 담론에 기여해 신앙의 공공성을 회복하기 위해 필수적이라고 했습니다. 세속화된 학문 세계에서 기독교 신앙이 설 자리를 잃은 현실을 직시하고, 그 속에서 기독교의 진리를 증언할 필요성을 강조한 것입니다.

뉴비긴은 기독교 신앙이 현대의 의문과 도전에 답할 수 있는 지적 힘과 타당성을 가지고 있음을 변호하고자 했습니다. 그는 "기독교 신앙이 과학과 학문 세계와의 대화 속에서 의미 있는 답을 제공할 수 없다면, 사람들은 신앙이 시대에 뒤처진 것으로 치부할 것"이라고 경고합니다. 신앙과 학문이 분리된 두 영역이 아니라, 하나님의 진리를 추구하는 과정에서 조화를 이룰 수 있다고 믿은 것입니다.

성경을 정경으로, 구속의 드라마로 읽는다는 것

근대적 이성주의 세계관에 기초한 성경 본문 비평은 성경의 권위를 상대화하고 복음을 현대적 가치나 철학에 맞추어 해석하는 경향을 들여왔습니다. 뉴비긴은 성경을 비평적 연구의 대상으로 보는 것을 반대합니다. 성경은 하나님의 구속 이야기를 담고 있으며, 믿음으로 받아들여야 한다는 것입니다. 그는 성경을 '렌즈' 삼아 세상과 삶을 바라보아야 한다는 개념을 통해 기독교 세계관을 제시합니다.

성경 연구의 목적은 복음을 온 세상에 선포하고 증언하는 것입니다. 따라서 뉴비긴은 성경을 신학 자료로 읽지 않고 정경, 즉 하나님의 권위 있는 말씀으로 받아들일 것을 주장합니다. 이는 성경을 신앙과 삶의 기준으로 삼는 것입니다. 이를 통해 성경의 권위가 개인의 주관이 아닌 공동체적 신앙고백을 통해 강화될 수 있다고 했습니다.

뉴비긴은 성경을 하나님이 창조, 타락, 구속, 완성을 이루어 가시는 거대한 이야기를 보라고 합니다. "성경을 구속의 드라마로 읽는다"는 개념은 비평적 성경 연구에 대한 대안입니다. 성경을 하나님의 구속 이야기라는 큰 그림으로 보는 것은 선교적 성경 읽기의 열쇠를 줍니다. 성경을 하나님의 선교적 목적에 동참해서 복음을 세상에 증언하는 사명을 드러내는 살아 있는 이야기로 인식할 때, 그 속에서 우리의 역할을 찾는 선교적 성경 읽기를 촉진할 수 있습니다.

선교적 교회 운동

뉴비긴은 하나님의 선교(*Missio Dei*) 개념을 발전시키고 알리는 일에 중요한 역할을 했습니다. 그는 선교가 인간이 주도하는 활동이 아니라, 교회가 하나님의 사역에 동참하는 것이라고 보았습니다. 이 개념은 선교적 교회 운동의 기초로 자리를 잡았습니다. 성경은 거대한 구속 이야기이며, 교회가 이 드라마의 일부로서 단순히 설교나 교리 교육을 넘어서 복음을 살아 냄으로써 증언하는 공동체가 되어야 한다고 그는 강조합니다.

따라서 교회는 본질적으로 선교적(missional)이어야 합니다. "교회는 그 자체로 하나님의 선교에 참여하는 공동체"입니다. 선교적 교회 운동은 1990년대에 미국과 유럽에서 본격적으로 조직화되었지만, 그 신학적 뿌리는 뉴비긴의 사상에 있습니다. 『선교적 교회』(*The Missional Church: A Vision for the Sending of the Church in North America*, 1998; 주안대학원대학교출판부 역간)는 뉴비긴의 사상과 관련이 있습니다. 이 책의 주요 저자들은 뉴비긴의 신학에 기반해서, "교회는 복음을 위해 존재하며, 모든 문화 속에서 하나님의 나라를 증언해야 한다"는 개념을 발전시켰습니다.

교회는 문화에 적극적으로 참여하며, 창조적 기독교 관점으로 대안을 제시하고 하나님 나라를 이 땅에 실현하는 역할을 해야 합니다. 이는 사적 차원에만 국한되지 않고,

공적 삶과 사회적 책임을 수행하는 역할을 해야 합니다. 교회는 구원의 메시지만 전하는 곳이 아니라, 하나님 나라를 이 땅에서 실현하는 공적 임무를 가지고 있다는 것입니다.

뉴비긴은 이를 위해 인간에 대한 이해를 바꿀 것을 주문합니다. 그는 계몽주의의 영향으로 개인주의와 자율성이 강조되고 신앙과 공동체의 중요성이 약화되었음을 지적하면서, 인간 존재의 의미와 가치가 관계에 의해 정의되어야 한다고 했습니다. 그에 따르면 참된 자유는 하나님과의 관계 안에서만 실현될 수 있습니다. 기독교 신앙은 개인을 넘어서 공동체와 하나님 나라의 관점에서 인간의 의미와 목적을 재조명할 수 있는 중요한 대안을 제시합니다.

종교 다원주의에 대한 비판

뉴비긴은 다원주의 사회에서 타종교와 대화할 필요성을 인정하면서도, 예수 그리스도의 복음적 정체성을 절대적으로 고수했습니다. 그는 교회가 공공 영역에서 복음을 증언해야 한다고 강조하고 교회가 사회의 변두리로 밀려나는 것을 경계했습니다. 이는 선교적 교회 운동의 철학이 공적 신앙과 선교적 삶을 중시하는 것과 깊이 연결됩니다.

뉴비긴은 서구 문화가 종교적 다원주의와 윤리적 상대주의를 강조하는 점도 비판합니다. 그는 많은 서구 교회가 기독교의 절대적 진리를 타협하고, 모든 종교와 사상을 동등하게 참으로 보는 문화적 압력에 굴복했다고 보았습니다.

타종교와 대화해야 한다는 주장은 모든 종교가 동등한 진리를 가졌다고 주장하는 종교 다원주의로 오해되곤 합니다. 뉴비긴은 종교 다원주의와 신학적 자유주의에 대한 비판적 태도를 분명히 밝힙니다. 그는 기독교를 다른 종교와 동등하게 상대화하는 것이 복음의 본질과 교회의 선교적 사명을 약화한다고 경고합니다. 종교 간 대화를 강조하면서도 복음 전도의 본질은 잃지 말아야 한다는 주장입니다. 하지만 그는 종교 간 대화를 기독교의 진리가 더욱 선명히 드러날 기회로 삼아야 한다고 보았습니다.

종교 간 대화는 진리를 강요하려는 것도, 폐쇄적으로 방어하려는 것도 아닙니다. 진리를 안다면 타자의 질문과 경험을 경청해야 합니다. 사랑과 존중으로 상대의 영적 갈망을 깊이 이해하고 그들의 질문과 도전에 진실하게 답하되, 어떻게 그리스도 안에서 그 갈망이 충족될 수 있는지 증언하기 위한 것입니다. 이런 대화는 자신의 신앙을 더 깊이 이해하고 복음을 새로운 방식으로 표현할 기회를 제공합니다. 의사가 환자의 증상을 깊이 이해한 후 적절한 치료를 제공하는 것과 마찬가지로 말입니다. 그는 타종교와의 대화가 단순한 의견 교환이나 우호 관계 형성을 넘어서, 선교적 목적을 가져야 한다고 했습니다.

세계교회협의회와의 관계

뉴비긴은 세계교회협의회(이하 WCC)에서 활동하면서 내부에서 중요한 비판자이자 건설적 기여자였습니다. 특히 그는 진보적 자유주의 신학과 비성경적 요소를 명확히 비판했고, 기독교 신앙의 중심이 예수 그리스도와 복음에 있다는 것을 분명히 했습니다. 그는 종교 다원주의의 경향을 강력히 비판했습니다. 아울러 교회의 우선적 사명은 사회 정의와 평화가 아니라, 예수 그리스도의 구원 사건을 중심으로 한 복음 선포라고 했습니다. 사회적 행동은 구원의 결과이지, 구원의 대체물이 아니라는 것입니다.

뉴비긴은 기독교 윤리가 하나님의 계시된 말씀과 절대적 진리 위에 서 있어야 한다고 강조했으며, 윤리적 기준을 포기하거나 타협하는 것이 복음을 왜곡할 수 있다고 경고했습니다. 그는 WCC가 정치적 올바름과 다원주의적 압력에 굴복하는 경향을 보이는 것은 우려했습니다.

뉴비긴은 WCC 내에서 선교가 '다른 종교와의 대화'로 대체되는 경향을 비판했습니다. 그는 교회의 선교적 사명이 예수 그리스도의 복음을 모든 민족에게 전하고 하나님 나라를 세우는 것이라고 강조했습니다. 타종교와의 대화는 필요하지만, 그리스도의 복음이라는 진리를 타협해서는 안 된다고 경고한 것입니다. 강조점은 교회의 본질이 선교이며, 선교적 교회로의 회복에 있었습니다.

선교적 에큐메니즘

뉴비긴은 교회 일치를 추구하는 운동이 복음 중심성을 잃지 않아야 할 것을 강조했습니다. 그는 교회가 사회-정치적 의제에 치우치면 교회의 본질인 선교 사명이 흐려질 수 있다고 경계합니다. 사회 개혁이 아니라 복음을 전파하고 하나님 나라를 확장하는 선교적 교회일치운동(missionary ecumenism)을 강조하며, 교회의 본질적 사명을 되살리기 위한 노력을 기울였습니다.

그는 서구 교회가 문화적 우월감을 내려놓고 비서구 교회의 신앙과 경험을 진지하게 받아들일 것을 촉구했습니다. 또한 그는 서구 교회가 종종 식민지적 관점으로 비서구 교회를 대하는 것을 비판하면서, 다양한 문화적 배경을 가진 교회들이 더 평등하게 대화하고 협력할 수 있도록 돕고자 했습니다. 포스트모던 사회에서 서구 사회가 다원주의와 상대주의로 기울고 있음을 지적하고, 교회가 신앙고백과 복음의 진리를 명확하게 유지해야 한다고 강조했습니다.

뉴비긴은 교회가 사회적 책임과 영적 사명을 통합적으로 실천해야 한다고 촉구했습니다. 한국 교회는 정치적 논란에 휘말리거나 사회적 약자와 관련된 문제에 소극적인 경우가 많습니다. 뉴비긴의 통찰은 교회가 세상에서 하나님의 뜻을 실현하는 공동체로서 사회적 책임을 다해야 한다는 중요한 교훈을 제공합니다. 교회는 사회적 공의, 윤리, 평화와 정의를 추구하면서 세상의 변화에 적극적으로 참여하는 모습을 보여야 한다는 것입니다.

이 책은 짧지만 한국 교회가 진정한 선교적 비전을 회복할 길을 찾는 데 필요한 핵심적 질문을 던집니다. 우리 모두 그의 초대에 진실하게 응답할 수 있기를 소망합니다.

마지막으로, 레슬리 뉴비긴과 관련해서 참고할 책들을 중요도 순서로 소개합니다. 모쪼록 독자 여러분의 독서 여정에 도움이 되기를 바랍니다.

A. 레슬리 뉴비긴의 저서

1. *The Gospel in a Pluralist Society* (1989). 『다원주의 사회에서의 복음』(IVP).
   — 뉴비긴의 대표작으로, 서구 사회의 다원주의적 도전에 대응하는 교회의 선교적 사명과 역할을 깊이 있게 다룹니다.
2. *Foolishness to the Greeks: The Gospel and Western Culture* (1986). 『헬라인에게는 미련한 것이요』(IVP).
   — 서구 문화를 비판적으로 분석하며, 교회의 선교적 역할이 어떻게 변해야 하는지에 대한 뉴비긴의 깊은 통찰이 담겨 있습니다.
3. *The Household of God: Lectures on the Nature of the Church* (1953). 『교회란 무엇인가』(IVP).
   — 교회의 본질과 사명을 다룬 초기 저작으로, 선교적 교회론의 기초 개념이 형성된 책입니다
4. *Signs Amid the Rubble: The Purposes of God in Human History* (2003). 국내 미출간.
   — 뉴비긴의 사후 출판된 저작으로, 하나님의 구속 역사 속에서 교회의 선교적 역할을 설명합니다.

B. 뉴비긴의 사상 연구서

1. Goheen, Michael W. *The Church and Its Vocation: Lesslie Newbigin's*

Missionary Ecclesiology (2018). 『교회의 소명』(IVP).

— 뉴비긴의 선교적 교회론을 중심으로 그의 신학적 사상을 정리하고 분석한 중요한 연구서입니다.

2. Flett, John G. *The Witness of God: The Trinity, Missio Dei, Karl Barth, and the Nature of Christian Community* (2010). 국내 미출간.

— 뉴비긴을 비롯한 현대 선교신학자들의 사상을 삼위일체 신학과 연결하여 설명합니다.

3. Weston, Paul. *Lesslie Newbigin: Missionary Theologian – A Reader* (2006). 국내 미출간.

— 뉴비긴의 다양한 글과 강연을 모아 그의 신학과 선교적 교회론을 깊이 있게 조명합니다.

C. 선교적 교회 운동과 관련된 연구서

1. Guder, Darrell L. (ed.). *Missional Church: A Vision for the Sending of the Church in North America* (1998). 『선교적 교회』(주안대학원대학교출판부).

— 뉴비긴의 사상을 기반으로 현대 선교적 교회 운동을 정의한 중요한 저작입니다.

2. Van Gelder, Craig. *The Essence of the Church: A Community Created by the Spirit* (2000). 『교회의 본질』(기독교문서선교회).

— 선교적 교회론을 현대적 맥락에서 설명하며, 뉴비긴의 사상을 참고해서 교회의 본질과 사명을 논의합니다.

3. Tennent, Timothy C. *Invitation to World Missions: A Trinitarian Missiology for the Twenty-first Century* (2010). 국내 미출간.
— 뉴비긴의 선교적 교회론과 현대 선교신학의 연결성을 탐구하는 저서입니다.

D. 학술 자료

1. Goheen, Michael W. "As the Father Has Sent Me, I Am Sending You: Lesslie Newbigin's Missionary Ecclesiology." *International Review of Mission* (2002).
— 뉴비긴의 선교적 교회론을 깊이 분석한 학술 논문입니다.

2. Weston, Paul. "Lesslie Newbigin: A Postmodern Missiologist?" *Mission Studies* (2004).
— 뉴비긴의 사상과 선교적 교회 운동과의 연결성을 설명한 중요한 논문입니다.

3. Porter, David Steven. "The Predicament of Place: Lesslie Newbigin and a Missionary Theology of Place." Th.D. Dissertation, Duke University (2017).
— 뉴비긴의 선교적 교회론이 현대 서구 문화 속에서 갖는 의의를 분석한 논문입니다.

옮긴이 신국원은 총신대학교 신학과(B.A.), 미국 웨스트민스터 신학교(M.A., M.Div., Th.M.), 네덜란드 암스테르담 자유대학교(Ph.D.), 캐나다 기독교학문연구소에서 연구했다. 미국 앤아버 성서교회를 담임했으며 미국 캘빈 칼리지 언론학부 객원교수, 일리노이 대학교 커뮤니케이션 연구소 객원 연구교수로서 연구했고, 캘빈 칼리지 헨리 미터 센터 펠로우 교수를 역임했다. 총신대학교 명예교수이며, 서울 삼일교회 협동목사이고, (사)기독교세계관학술동역회 이사장으로 섬기면서 소식지 「신앙과 삶」의 편집인이며, 목회자 모임인 '사귐과섬김' 부설 '코디 연구소' 소장이다. 저서로는 『니고데모의 안경』, 『변혁과 샬롬의 대중문화론』, 『신국원의 문화 이야기』, 『포스트모더니즘』(이상 IVP), 『지금 우리는 여기서 무엇을 꿈꾸고 있는가』(복있는사람) 등이 있고, 옮긴 책으로는 『그리스도인을 위한 서양 철학 이야기』, 『행동하는 예술』, 『다원주의들과 지평들』(이상 IVP), 『변증학』(P&R) 등이 있다.

레슬리 뉴비긴, 세상 속 교회의 길을 묻다

초판 발행 2025년 7월 16일
초판 2쇄 2025년 12월 20일

지은이 레슬리 뉴비긴
옮긴이 신국원
펴낸이 정모세

편집 이성민 이혜영 심혜인 설요한 박예찬
디자인 한현아 서린나 | 마케팅 오인표 | 영업·제작 정성운 이은주 조수영
경영지원 이혜선 이은희 | 물류 박세율 정용탁 김대훈

펴낸곳 한국기독학생회출판부 | 등록번호 제2001-000198호(1978.6.1)
주소 04031 서울시 마포구 동교로 156-10
대표 전화 (02) 337-2257 | 팩스 (02) 337-2258
영업 전화 (02) 338-2282 | 팩스 080-915-1515
홈페이지 http://www.ivp.co.kr | 이메일 ivp@ivp.co.kr
ISBN 978-89-328-2357-7

ⓒ 한국기독학생회출판부 2025

책값은 뒤표지에 있습니다.
무단 전재와 복제를 금합니다.